霊的世界の
ほんとうの話。

スピリチュアル幸福生活

大川隆法

Ryuho Okawa

まえがき

私にとってはあたりまえのことを、いろんな質問に答える形で、淡々と語ってみました。

今風《いまふう》にいえばスピリチュアル入門ですが、真実の人間のあり方と、本当の幸福生活とは何かを知るきっかけになるでしょう。

全般的《ぜんぱんてき》にみれば、わかりやすい形での初歩的宗教入門にもなっているでしょう。

本書が、あなたに正しい人生観《かん》を伝え、スピリチュアル幸福生活へといざなうことを願ってやみません。

二〇〇九年　九月

幸福《こうふく》の科学《かがく》グループ創始者兼総裁《そうししゃけんそうさい》　大川隆法《おおかわりゅうほう》

Index

目次

Part 1

あの世を知れば、死は怖《こわ》くない！

[Chapter 1]

人間は死んだ後《あと》、どうなるのか

[Chapter 2]

天国・地獄《じごく》のほんとうの姿《すがた》を知ろう

Part 2

この世とあの世を知って幸福な人生を

[Chapter 1]

この世に、どうやって生まれてくるのか

[Chapter 2]

運命は変えられるか

Part 3

霊的な悪影響《あくえいきょう》は、こうして防《ふせ》ぐ

[Chapter 1]

あの世の諸霊《しょれい》が救われる、ほんとうの供養《くよう》とは

[Chapter 2]

悪霊《あくれい》は、ほんとうにいるのか

Part 4

「仏《ほとけ》」や「神」を正しく理解《りかい》しよう

[Chapter 1]

仏や神の、大いなる愛を知ろう

[Chapter 2]

信仰《しんこう》は素晴《すば》らしい

Prologue
プロローグ

あの世を信じたほうが、幸福になれる

みなさんは、「あの世があると考えた場合と、あの世はないと考えた場合と、どちらが、自分にとって幸福か」ということを、考えてみたことはありますか。

仮《かり》に、あなたが、今、四十歳《さい》で、平均寿命《へいきんじゅみょう》まで、あと四十年あるとしましょう。

もし、「これから四十年間いろいろなことをして、八十歳で死ぬと、火《か》葬場《そうば》で焼かれて、ひとにぎりの骨《ほね》と二酸化炭素《にさんかたんそ》だけになり、自分が生きた証拠《しょうこ》は何もなくなってしまう」と考えるならば、これが、それほど幸福な考え方でしょうか。

やはり、「特定の名前を持って生きた人間の魂《たましい》が、そのエネルギーが、死後も永遠《えいえん》に生き続ける」と考えるほうが幸福ではないでしょうか。

人間は死ねば何もかも終わりになるのならば、この世の道徳《どうとく》も哲学《てつがく》も宗教《しゅうきょう》も、すべて不毛なものとなってしまうでしょう。

あなたは、何のために、己《おのれ》の人格《じんかく》を磨《みが》いたのでしょうか。何のために、勉強し、汗《あせ》を流して働き、努力して良好な人間関係をつくったのでしょうか。何のために、一生懸命《いっしょうけんめい》に生きてきたのでしょうか。

死によって何もかもなくなってしまうのならば、人生は、まったく虚《むな》しいものにすぎないではありませんか。人格を磨くことなど意味がなく、努力して一生懸命に勉強し、人格の向上を目指す必要などありません。そうしたことを勧《すす》めるのは、ペテン師《し》のささやきになってしまいます。

人格の向上を目指すことが、地位や収入《しゅうにゅう》など、この世的な幸福を得ることにつながるとしても、死ぬとすべてが終わりになるならば、そのような幸福は虚しいものとなります。

どちらの考え方が、ほんとうの幸福につながるでしょうか。

「この世で努力して身につけたものは、死後の世界に持っていくことができる。死後の世界においても自分の人格が生き続ける」と思えばこそ、努力することに意味があり、その努力が素晴《すば》らしく思えるのではないでしょうか。

「死ねば何もかもなくなってしまう」と考えるか、「死後も人格は残る。一生懸命に努力していれば、死後も、素晴らしい活躍《かつやく》が続けられる」と考えるか。

Prologue プロローグ

あなたは、どちらに賭《か》けますか。どちらに賭けたほうが、あなたは幸福になれると思いますか。

本書で述《の》べていくように、死後の世界があることについて、私は、はっきりとした証拠を持っています。死後の世界があることに賭けたほうが、あなたにとって幸福な人生となることは間違《まちが》いありません。

自分にとって、どちらの考え方に幸福があるかをよく考え、受け入れるべきものは受け入れ、冷静に知識的《ちしきてき》な学びを行っていくことが大事だと思います。

ほんとうの世界を知り、「どのような生き方をすれば、どのような世界へ行くのか」ということを知れば、少なくとも、死後の世界を恐《おそ》れる必要はまったくなくなるのです。

Part 1

あの世を知れば、死は怖《こわ》くない！

[Chapter 1]

人間は死んだ後《あと》、どうなるのか

1

死の瞬間《しゅんかん》、どういうことが起こるのですか？

普通《ふつう》の人は自分の死をなかなか自覚できない

私たちは、肉体の死によって滅《ほろ》んでしまうわけではありません。肉体には魂《たましい》が宿っており、死後は、その魂が肉体から離《はな》れ、あの世へと旅立っていくわけです。

ところが、通常《つうじょう》、自分が死んだことが、なかなか分からないのです。もちろん、亡《な》くなって、その日のうちに、さっと肉体から出ていく人もいますが、普通《ふつう》の人は、自分が死んだことが、すぐには分かりません。そこで、しばらくは、病気の延長《えんちょう》のようなつもりで、肉体のなかにいるのです。

そして、周りの人が、「ご臨終《りんじゅう》です」とか、いろいろなことを言っているのを、「まだ生きているのに、おかしなことを言うなあ」と思って聞いています。

ときどき、まぶたを開《あ》けたり閉《し》めたり、ライトを当てたりされるので、「何をするか。まぶしいじゃないか」と本人は言っているのですが、「反応《はんのう》がありません。もう瞳孔《どうこう》が開《ひら》いています」などと言われるわけです。

あるいは「心臓《しんぞう》が止まりました」とか言われるので、自分の胸《むね》に手を当ててみると、まだ心臓は動いているのです。

これは心臓の霊体《れいたい》がまだ動いているからなのですが、「あれ、おかしいな。心臓が動いているのに『止まった』と言っている。この医者は誤診《ごしん》をしている。『脳波《のうは》も停止しました』なんて、大変なことを言っているけれども、現《げん》に脳が一生懸命《いっしょうけんめい》に活動しているのに、何を言っているのだ」というように思うのです。

このように、通常は、「自分はまだ生きている」と思っていて、死んだことの自覚がありません。しかも最初は肉体そのままの姿《すがた》でいますから、周囲の状況《じょうきょう》を変に感じるのです。

葬式《そうしき》を見て、自分の死に気づき始める

そのうちに、やがて「ご臨終です」と言われ、家族がおなかの上に寄《よ》りかかって泣き始めたりします。

本人は「今ごろ泣かれても困《こま》る。元気なときに泣いてくれないと。そんなに泣くなら早めに泣いてくれ」などと言っていますが、どうやら思いが通じていないようであり、また、「おかしいな。体が動かないな」という

1 死の瞬間

ことも あり、不思議な感覚なのです。

その日は、お通夜《つや》や葬式《そうしき》の準備で、いろいろな人が集まってきたりするのですが、ある程度《ていど》よく分かっている人だったら、「どうやら死んだかもしれないし、死んでいないかもしれないし」と、しばらくは、もうひとつよく分からない感じがします。

一方、自覚がまったくない人は、「まだ生きている」と信じているわけですから、「みんながおかしくなった」と思うのです。

そして、いよいよ、お通夜や葬式が始まり、自分の写真が額縁《がくぶち》に入れて飾《かざ》ってあったりするのを見て、「もう勘弁《かんべん》してくれよ。嫌《いや》だよ。まだ死にたくないよ」などと言っているのです。

魂《たましい》と肉体をつなぐ「霊子線《れいしせん》」が切れる

その間、魂《たましい》は肉体を出たり入ったりしています。まだしばらくは家のなかにいて、ときどき、屋根近く、あるいは天井《てんじょう》近くまでフワッと浮《う》いていき、下を見て何だか怖《こわ》くなって、また戻《もど》ってみたりとか、そういうことを繰《く》り返しているのです。

人間の後頭部には、銀色の細い線で魂と肉体がつながっているところがあります。幸福の科学では、それを「霊子線《れいしせん》」と言っています。これが切れないかぎりは、魂が肉体に戻ってくることがありうるのです。しかし、これが切れたときは、もう二度と帰ってくることができません。

そのように、ほんとうの意味での死は、肉体が機能《きのう》を停止したときではなく、通常、それから一日ぐらいはかかるものなのです。

霊子線《れいしせん》とは何か

真実の死の瞬間《しゅんかん》

霊子線が切れると、魂《たましい》はもう肉体に戻《もど》れなくなる。霊子線が切れたときが、真実の死の瞬間であり、霊子線が切れるまでに、通常《つうじょう》、心臓《しんぞう》停止から１日かかる。

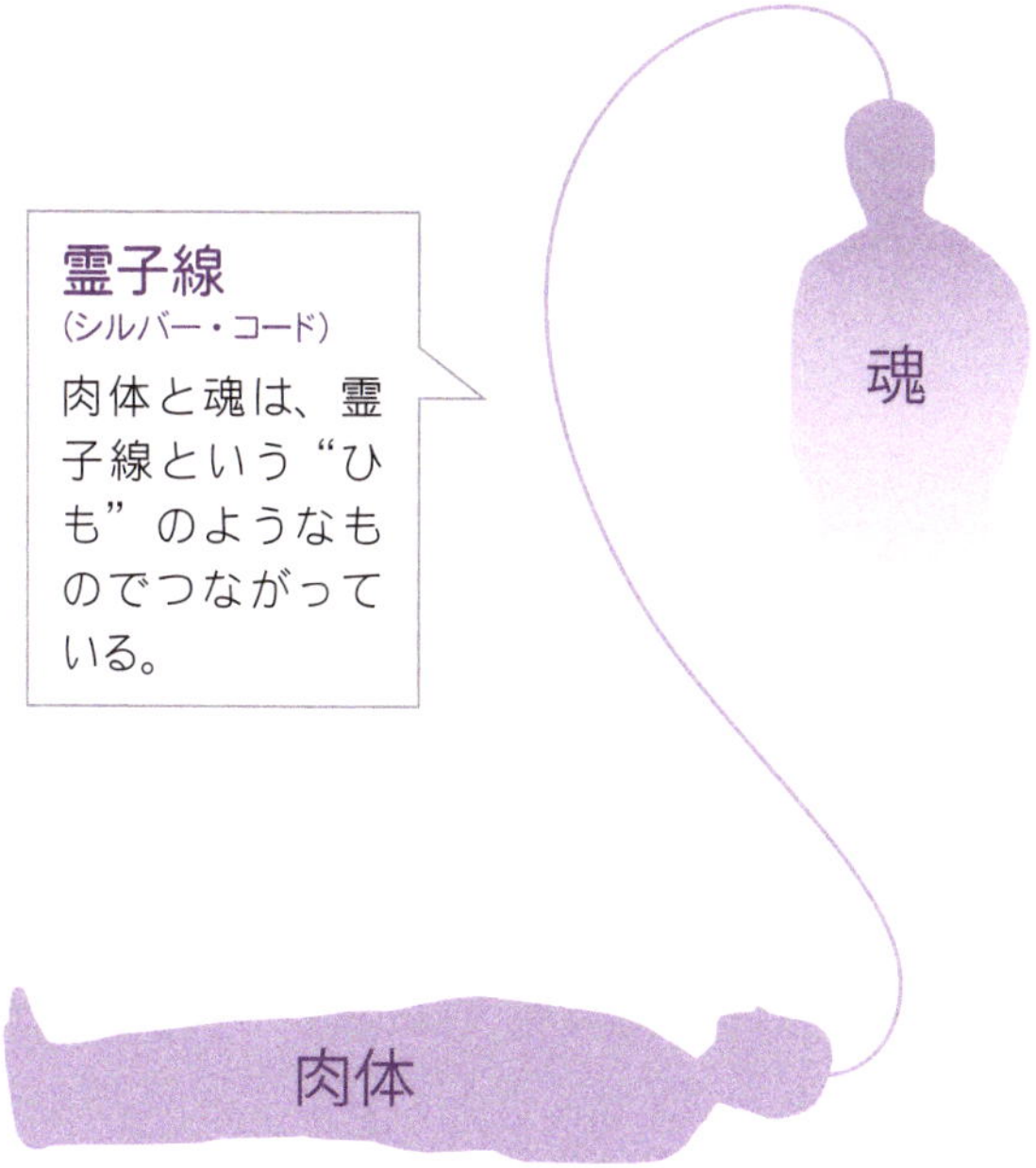

霊子線
(シルバー・コード)
肉体と魂は、霊子線という“ひも”のようなものでつながっている。
魂
肉体

霊子線の存在《そんざい》は、古くから世界各地で知られ、『旧約聖書《きゅうやくせいしょ》』やソクラテスの時代の書にも記述《きじゅつ》がある。また、日本では、古来、「魂《たま》の緒《お》」とも呼ばれている。

死にたくなくて〝暴《あば》れる〟人もいる

死にたくないと暴《あば》れている人の場合には、もう少しかかることもあります。「死後硬直《こうちょく》を起こし、折りたたもうとしても何としても曲がらず、棺《かん》桶《おけ》のなかに入らない」ということがありますが、これなどは魂のほうが暴れている証《しょう》拠《こ》なのです。「まだ死にたくない。このなかに入ったら、もう焼かれるから嫌だ」と頑《がん》張《ば》っているわけです。

こういう場合は、なかなか難《むずか》しく、火葬場《かそうば》で焼かれ肉体がなくなってからも狂乱《きょうらん》している人がだいぶいて、家に戻ってきて家族に抗議《こうぎ》しているのです。「君たちは血も涙《なみだ》もないやつらだ。俺が死ぬのが、そんなにうれしいのか。そんなに早く殺したかったのか。一カ月でも二カ月でも、ちゃんと看病すべきだ」と抗議したりしています。しかし、家族には聞こえないのです。

なかには、自分が死んだことは知っているのですが、「死んでからあとのお葬式に至《いた》るまでの手順や作法が悪い」と言って抗議する人もいます。「手を抜《ぬ》いた」とか、「お金を惜《お》しんだ」とか、いろいろなことで文句《もんく》を言う人がいるのです。

2

死後、肉体を離《はな》れると、どういう経験《けいけん》をしますか？

死後三週間ぐらいは、この世をうろうろしている

死者の霊《れい》は、四十九日ぐらいまでには、この世を去らなければいけません。ほんとうは、死後二十一日ぐらい、三週間ぐらいしたら、もう、この世で、あまりうろうろしていてはいけないことになっています。長く見ても四十九日ぐらいまででしょう。

それまでは、しばらく〝放し飼《が》い〟にされているというか、あの世にまだ完全には行けず、この世とあの世を行ったり来たりしているような状態《じょうたい》で、ふらふらしていて、この世の、いろいろな人のことを見ています。

2 死後の体験

「自分が死んだあと、葬式《そうしき》をどうしているか」ということから始まって、「財産《ざいさん》分けをどうしているか」「会社の事業がどうなっているか」「子供《こども》たちは、けんかをしていないか」「妻《つま》が浮気《うわき》をしていないか」など、いろいろなことが気になって、二カ月弱ぐらいは、けっこう、この世をうろうろしているのです。

しかし、そのあたりで、「もう、いいかげんにしなさい」と言われます。

実は、死んだときに、導《みちび》きの霊が来て、いったん、あの世に連れていかれるのですが、やはり、この世に戻《もど》ってきます。しばらくは、勉強のため、あの世とこの世の違《ちが》いを学ぶために、この世にいられるのです。

やがて、日がたってきて、ある程度《ていど》の期間が過《す》ぎると、だいたい、霊体として、この世の物質的《ぶっしつてき》なものが少しずつ落ちてきます。それで、「そろそろ行こうではないか」と言われて、あの世に行くのです。

三途《さんず》の川を渡《わた》る

そして、よく言う「三途《さんず》の川」のあたりに来て、それを渡《わた》ると、本格的《ほんかくてき》な死者になります。「精霊界《せいれいかい》」と言ってもよいし、「幽界《ゆうかい》」と言ってもよいのですが、まず、霊界の入り口に入るのです。

三途の川の向こうでは、たいていの場合、菜の花など、きれいな花がたくさん咲《さ》いています。それから、昔の身内や友人など、いろいろな人が迎《むか》えに来ます。

そのため、最初は「天国に来た」と錯覚《さっかく》するのですが、勘違《かんちが》いしてはいけないのは、「最初に行く所は天国ではない。まだ天国・地獄《じごく》をふるい分ける前の世界である」ということです。

2 死後の体験

生前の反省を通して、あの世での行く先が決まる

そういう、まだ自分の行く先が分からない所で、しばらく霊的生活をして、生前の反省をします。

その際《さい》、生前のことを、いろいろと映画《えいが》のように見せられることもありますし、指導霊《しどうれい》が来て、一個《こ》一個、確認《かくにん》することもあります。

今は、この世に映像《えいぞう》というものがあるので、あの世でも、映画のようなかたちで見ることもありますし、そうではなく、鏡のようなもので見ることもあります。

よく「閻魔帳《えんまちょう》」と言いますが、昔、映像というものへの理解《りかい》が少なかった時代には、生前にやったことが全部書かれている手帳のようなものが出たりすることも報告《ほうこく》されています。

膨大《ぼうだい》な『霊界著述《ちょじゅつ》』を遺《のこ》したスウェーデンボルグ（一六八八～一七七二）の報告によれば、彼《かれ》は霊界で次のような場面を見たことがあるそうです。

ある精霊が、生前の反省をする場に臨《のぞ》みました。その人は、生前は賄賂《わいろ》を取って不正行為《こうい》をしていて、その詳細《しょうさい》をメモ帳に書きとめていました。検査《けんさ》の霊が、その精霊の顔など全身を見つめていると、生前のメモ帳がポーンと地中から出てきて、精霊の足下《あしもと》で、パラパラ、パラパラとページがめくれていき、「その人の過去の罪状《ざいじょう》がどうだったか」ということが、他《た》の精霊たちにも分かってしまったのです。

しかも、それには、その人が生前は忘《わす》れていたことまで詳《くわ》しく書かれていました。その人の生前の思いと行為が、たくさん書かれていて、パラパラとめくれていくうちに、「こういうことを考えて、こういうことをした」

ということが、すべて分かってしまったのです。

自分がメモ帳に書いていなかったことまで書いてあるので、それが本人には驚《おどろ》きであり、ショックであるわけです。

昔は、そういうかたちで過去《かこ》が見える場合もあったようです。過去の自分の思いや行いを反省するときに、書いたもので出てくることもあるのです。

しかし、映画や鏡などの視覚的《しかくてき》なもの、目で見えるものが、やはり多いことは多いのです。

そのようにして反省をし、あの世での行く先が決まってくるわけです。

死んだ後《あと》の経験《けいけん》

3

生前の反省をする

映画《えいが》のスクリーンのようなものに、生前の自分の姿《すがた》がすべて映《うつ》し出される。生前の反省をしたあとで、あの世での行く先が決まってくる。

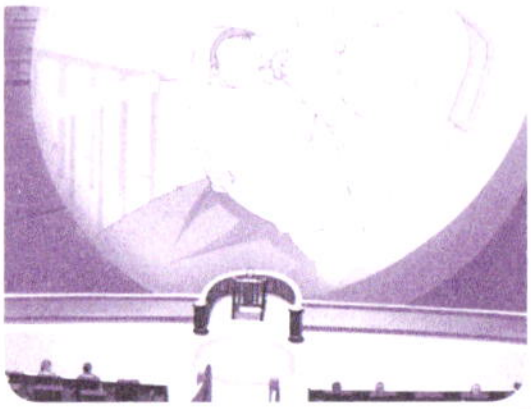

2

三途《さんず》の川を渡《わた》る

やがて導《みちび》きの霊《れい》が来て、あの世へ旅立ち、三途の川を渡る。

1

あの世へ旅立つ準備《じゅんび》をする

死後三週間ぐらいは、家族などが気になって、いろいろな人を見ている。

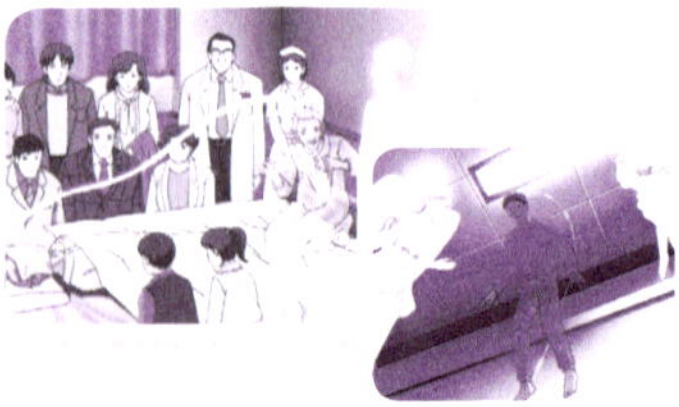

映画「永遠の法」（大川隆法製作総指揮）のシーンより

3

霊《れい》になっても、おなかがすいたり、睡眠《すいみん》をとったりするのですか？

あの世においては、本来、食欲《しょくよく》はない

死んで、あの世に還《かえ》ったならば、肉体がないので、食べ物を食べる必要はありません。

四次元や五次元では、一部、食事をする習慣《しゅうかん》もありますが、それは、食べている気分を味わっているだけであって、ほんとうに食べ物を食べているわけではありません。

人を接待《せったい》したり、人と話をしたりするときに、何かないとさびしいので、食べたり飲んだりする格好《かっこう》をすることはありますが、それで実際《じっさい》に満《まん》腹《ぷく》になるわけではないのです。

すなわち、この世の三大欲《よく》の一つである食欲は、あの世では、実際には存在《そんざい》しないのと同じなのです。

あの世でのエネルギー源は霊界《れいかい》の霊太陽《れいたいよう》そのものです。あの世の霊は、霊太陽から来るエネルギー、霊的なエネルギーで生きています。

したがって、この世の大きな欲望である食欲は、本来、あの世にはありません。

あの世の霊人《れいじん》は、一日中、活動している

次に、睡眠《すいみん》欲について述《の》べると、睡眠は人間にとって一日に八時間ぐらいは欲《ほ》しいところです。

ただ、あの世の霊人《れいじん》は寝《ね》ることがありません。あの世は、一日中、昼間

3 死後の生活

なので、寝ることはないのです。

もちろん、気分として〝体を休める〟ということはありますが、睡眠自体を取ることは、あの世では、もうありません。

地獄界《じごくかい》は、いつも夜かもしれませんが、天上界《てんじょうかい》は、いつも昼間です。そのため、天上界の霊人たちは、気分として、くつろぐことはあっても、寝ることはないのです。

食欲や睡眠欲は、肉体のあるうちは、消すことができませんが、肉体を失ったときには、本来、なくなるものなのです。

その欲望が死後も延々《えんえん》と続くようであれば、「その霊は、霊と肉体の主《しゅ》従《じゅう》が引っ繰《く》り返っているか、『肉体しかない』と考えている」と見てよいでしょう。

4

霊《れい》になっても年をとるのですか?

霊界《れいかい》では各人が自分の望む姿《すがた》をしている

亡《な》くなる人は、実際《じっさい》には、お年寄《としよ》りが圧倒的《あっとうてき》に多いわけです。そうすると、「死んだ当時のままの意識《いしき》でいる」ということならば、あの世の世界は〝老人天国〟になってしまいます。

これは、あちこちに養老院(老人ホーム)が立っている姿《すがた》そのものであり、私たちが考えている天国の風景とは違《ちが》います。決して、それが悪いとは言いません。ただ、一般《いっぱん》に言われる天国の姿と違うのは事実です。

実際は、どうなるかというと、地上を去ってしばらくの間、地上的属性《ぞくせい》

郵便はがき

料金受取人払郵便

赤坂局承認

7320

差出有効期間
2025年10月
31日まで
(切手不要)

1078790

112

東京都港区赤坂2丁目10−8
幸福の科学出版（株）
読者アンケート係 行

ご購読ありがとうございました。お手数ですが、今回ご購読いただいた書籍名をご記入ください。

書籍名

フリガナ お名前	男・女	歳
ご住所 〒　都道府県		
お電話（　　）　―		
e-mail アドレス		
新刊案内等をお送りしてもよろしいですか？ [はい（DM・メール）・いいえ]		
ご職業	①会社員 ②経営者・役員 ③自営業 ④公務員 ⑤教員・研究者 ⑥主婦 ⑦学生 ⑧パート・アルバイト ⑨定年退職 ⑩他（　）	

プレゼント＆読者アンケート

皆様のご感想をお待ちしております。本ハガキ、もしくは、右記の二次元コードよりお答えいただいた方に、抽選で幸福の科学出版の書籍・雑誌をプレゼント致します。

（発表は発送をもってかえさせていただきます。）

1 本書をどのようにお知りになりましたか？

2 本書をお読みになったご感想を、ご自由にお書きください。

3 今後読みたいテーマなどがありましたら、お書きください。

ご感想を匿名にて広告等に掲載させていただくことがございます。

ご記入いただきました個人情報については、同意なく他の目的で使用することはございません。


ご協力ありがとうございました！

4 霊界での姿

を拭《ぬぐ》い去るための期間があります。

これは人によって違い、ごく短期間で終わる人、三日ぐらいで終わる人もいれば、もといた世界に一直線に還《かえ》る人もいますが、平均的《へいきんてき》には、だいたい三年ぐらいです。三年ぐらいは、どこかで、地上の垢《あか》を落とすための修行《しゅぎょう》をします。

そのときに、自分の魂《たましい》の本質《ほんしつ》というものを知るようになってきます。

そのあと、「霊的存在《れいてきそんざい》であるとは、どういうことか」ということを、※守《しゅ》護霊《ごれい》や※指導霊《しどうれい》から教え込《こ》まれます。

そして、「霊界においては自分の姿形を思いのとおりに変えられる」ということを教えられ、実体験をして、それを学びます。例えば、洋服も、「こういうものを着よう」と思えば、その思いのとおりのものを出せるようになるわけです。そういうことを実体験で教えられます。

これを学ぶのに、平均的には、地上時間で三年ぐらいかかるのです。それからあとは、姿としては、各人が望む状態《じょうたい》になれます。年齢《ねんれい》のいっている姿が好きな人は、そういう姿でいますし、若《わか》い姿が好みの人は若い姿でいるのです。

※守護霊とは、地上の人間を守護する霊であり、各人に一人ずつ付いている。本書108ページを参照。指導霊とは、たいてい守護霊よりも霊格が高く、主として、その人の職業に関して指導している霊のこと。

5 自殺した人は、死後、どうなりますか？

地縛霊《じばくれい》になるか、地獄《じごく》に堕《お》ちるか

答えは、「百パーセント、地獄《じごく》へ行く」ということはなく、「地獄、もしくは地獄以前の段階《だんかい》にいることが多い」ということです。

なかには地獄まで行っている人もいますが、地獄以前の段階で、自分が死んだことが分からずに、地上に執着《しゅうちゃく》して、地上の人と同じように生活している人や、地縛霊《じばくれい》となって、自分が死んだ場所などに漂《ただよ》っている人が、数多くいるのです。

そのように、この世の人や物にまだ引っかかっていて、地獄に堕《お》ちることさえできない人たちがいるわけです。

もちろん、地獄に行けば、苦しみは、よりはっきりと出てきますが、そこまで行けない人が多いのです。

では、自殺者は絶対《ぜったい》に天国に行けないのかといえば、そうでもありません。

例えば、歴史上の人物では、西郷隆盛《さいごうたかもり》も、自刃《じじん》しているので、自殺は自殺でしょう。あるいは、乃木大将《のぎたいしょう》の殉死《じゅんし》も、やはり自殺でしょう。しかし、彼らは地獄へ行っているわけではありません。死んだ当時は苦しみがあったでしょうが、その後《ご》は、きちんと天上界《てんじょうかい》に還《かえ》っており、神々の一人になっています。

彼らが地獄に堕ちなかったのは、「生きていたときに、澄《す》み切った心を持っていた」ということもあるでしょうし、「数多くの人から敬愛《けいあい》されていた」ということも大きかったと思います。そういう別種の原理が働く場合も、ないわけではないのです。

5 自殺者の死後

この世からの逃避《とうひ》として自殺した場合、天国に還《かえ》ることは非常《ひじょう》に難《むずか》しい

しかし、たいていの場合、すなわち、この世からの逃避《とうひ》として自殺するような場合には、天国に行くことはまれであり、ほとんどないと考えてよいでしょう。

特に、真実の世界のことを知らずに死んだ場合には、天国に還《かえ》ることは非常《ひじょう》に難《むずか》しいですし、そういう人は、天使たちが行って説得しても、受け入れないのです。

「この世において、他の人の説得を受け入れなかったような人は、あの世においても、やはり、それを受け入れることができない」というのが実相《じっそう》です。

Mini Column 1

自殺者《じさつしゃ》の死後《しご》

自殺者のなかには、自分が死んだことも分からない人が大勢《おおぜい》います。

例えば、首《くび》吊り自殺をした人であれば、死んでからも、何度も何度も首を吊っています。それでも死ねないので、今度は地上に生きている人に取り憑《つ》いて、他人に首を吊らせるようなことをするのです。

このように、何度も何度も、死ぬ瞬間《しゅんかん》を繰《く》り返し体験するのです。

その人が、もし、八十歳《さい》まで生きるということを、今世《こんぜ》、生まれることの使命としていながら、五十歳で自殺をしたならば、その後《ご》の三十年、その人は、天国に入ることも地獄《じごく》に入ることもできません。

Part 1

あの世を知れば、死は怖《こわ》くない！

[Chapter 2]

天国・地獄《じごく》のほんとうの姿《すがた》を知ろう

1

あの世の世界は、どうなっているのですか？

あの世はこの世と共存《きょうぞん》している

あの世、つまり霊界《れいかい》についての概観《がいかん》を述《の》べましょう。

霊界といっても、もちろん、いろいろありますが、大きな意味で言うならば、この地上世界を去った世界、すなわち、肉体が死したあと、魂《たましい》とも言うべきものが赴《おもむ》く所ということになりましょう。

ただ、ここで大事なことは、「雲の上の世界とか、そういう所に霊界があるように思ってほしくない」ということです。「実は、私たちが生きている、この空間のなかに、霊界もまた存在《そんざい》するのだ」ということを知って

1 あの世の世界

いただきたいのです。

もちろん、霊界についての説明では、「何段階《だんかい》にも分かれていて、上下の差がある」と言われています。また、「高級霊界は、地上から何千メートルや何万メートルもの上空にある感じだ」と言われています。

しかし、それは、あくまでも、「比喩《ひゆ》を使って、地上にいる人間に分かるような範囲《はんい》で説明すれば、そのようになる」ということであって、霊界の霊界たるゆえんは、実は、「この物質《ぶっしつ》世界と共存《きょうぞん》している」というところにあるのです。

したがって、「霊界は、遙《はる》かなる彼方《かなた》にあるものではなく、私たちが住んでいる世界に同時にある」と考えていただきたいのです。

それは、ちょうど、この世界に、目に見えない電波が飛び交《か》っていることと、よく似ています。

例えば、テレビの各チャンネルには、いろいろな映像《えいぞう》が映《うつ》ります。その映像相応《そうおう》の電波が、この地上を飛び交っているのです。

同じように、霊界も、言ってみれば、そういう電波の世界のようなものであり、波長、周波数が違《ちが》うから、異《こと》なる世界をつくっているだけであって、実際は、まったく別な所にあるわけではないのです。

つまり、テレビのチャンネルのように、その波長を受信する装置《そうち》があれば、あるときには地獄界《じごくかい》という世界が映り、あるときには天上界《てんじょうかい》が映り、あるときには高級霊界の景色が映ることになりましょう。

あの世は多次元の世界で成り立っている

この霊界に関する、幸福の科学の考え方で大事なことは、「次元」という概念《がいねん》を明確《めいかく》に打ち出していることだと思います。

1 あの世の世界

物理学の世界や数学の世界においては、「この地球を取り巻《ま》く環境《かんきょう》のなかには、私たちが住んでいる、『縦《たて》・横・高さ』によって成り立っている三次元世界以外に、『縦・横・高さ』に『時間』を加えた、『縦・横・高さ・時間』の四本の座標軸《ざひょうじく》から成る、四次元空間というものがある」ということが分かっています。

また、これ以上の世界として、五次元、六次元、七次元、八次元、九次元という世界が存在することも分かっています。

ただ、そういうものが科学的に理論《りろん》としては分かっても、「それは、実際には、どのような世界なのか」ということが明確には分かっていないのです。

こういう現状《げんじょう》に接《せっ》するにつけ、私は、さまざまな霊界研究を続けてきましたが、どうやら、この物理学の次元構造《こうぞう》に該当《がいとう》する世界があることが明らかになってきました。

四次元といわれる世界は、人間が死後に赴く所、すなわち、「幽界《ゆうかい》」という世界であり、この幽界世界のなかには、その下部層《そう》に「地獄界」という世界があり、その上部層に「狭義《きょうぎ》の幽界」（精霊界《せいれいかい》）があります。

さらに、その上には、「善人界《ぜんにんかい》」とも言うべき世界があります。これが五次元世界です。ここは、心根《こころね》の良い人、善人たちが住んでいる世界です。

この上の六次元には、「光明界《こうみょうかい》」という世界があります。ここには、神に近い人たちが住んでいて、このなかの優《すぐ》れた人たちは、地上の人々から神として祀《まつ》られることもあります。ここは各界の専門家が集《つど》っている世界です。また、※諸天善神《しょてんぜんしん》といわれる人たちが住んでいる世界でもあります。

この光明界の上の世界が、よく仏教的《ぶっきょうてき》には「菩薩界《ぼさつかい》」といわれている世

1 あの世の世界

界です。ここは、人助けを中心に生きている人たちの世界です。愛の行為《こうい》の実践《じっせん》に生きている人たちと言ってもよいでしょう。

自分のことについては、もう煩《わずら》うことが少なく、「多くの人々を救う。多くの人々を導《みちび》く」ということを中心に生きている人たち、このような愛の塊《かたまり》の人たちが、この七次元の菩薩界にいます。

八次元には、「如来界《にょらいかい》」という世界があります。ここは、言ってみれば、世界的な宗教《しゅうきょう》の教祖や大思想家、大政治家《せいじか》など、その時代の中心人物となって歴史をつくってきたような人たちが住んでいる世界です。

そして、人霊《じんれい》が住んでいる最上段階として、九次元に「宇宙界《うちゅうかい》」というものがあります。この世界には大如来とも言うべき人たちが住んでいます。

これは救世主の世界ともいわれます。釈尊《しゃくそん》、イエス、モーセなどの世界です。すなわち、「根源的《こんげんてき》な思想を説き、何千年に一回、大きな文明を起こすために地上に出てくるような人たちの住んでいる世界である」と言えましょう。

こういう次元構造についての説明は、私の理論書である『太陽の法』の第1章や『永遠《えいえん》の法』（共に幸福の科学出版刊）に詳《くわ》しく書かれています。ことに『永遠の法』では、各章に各次元世界を取り上げ、第1章「四次元の世界」、第2章「五次元の世界」というかたちで詳しく論述《ろんじゅつ》してあるので、ぜひ参考にしていただきたいと思います。

※経済的繁栄を導く「大黒天」や、政治的な指導をしている「毘沙門天」など、専門的な役割を持った霊人。詳しくは、『永遠の法』152ページ参照。

あの世の次元構造《こうぞう》

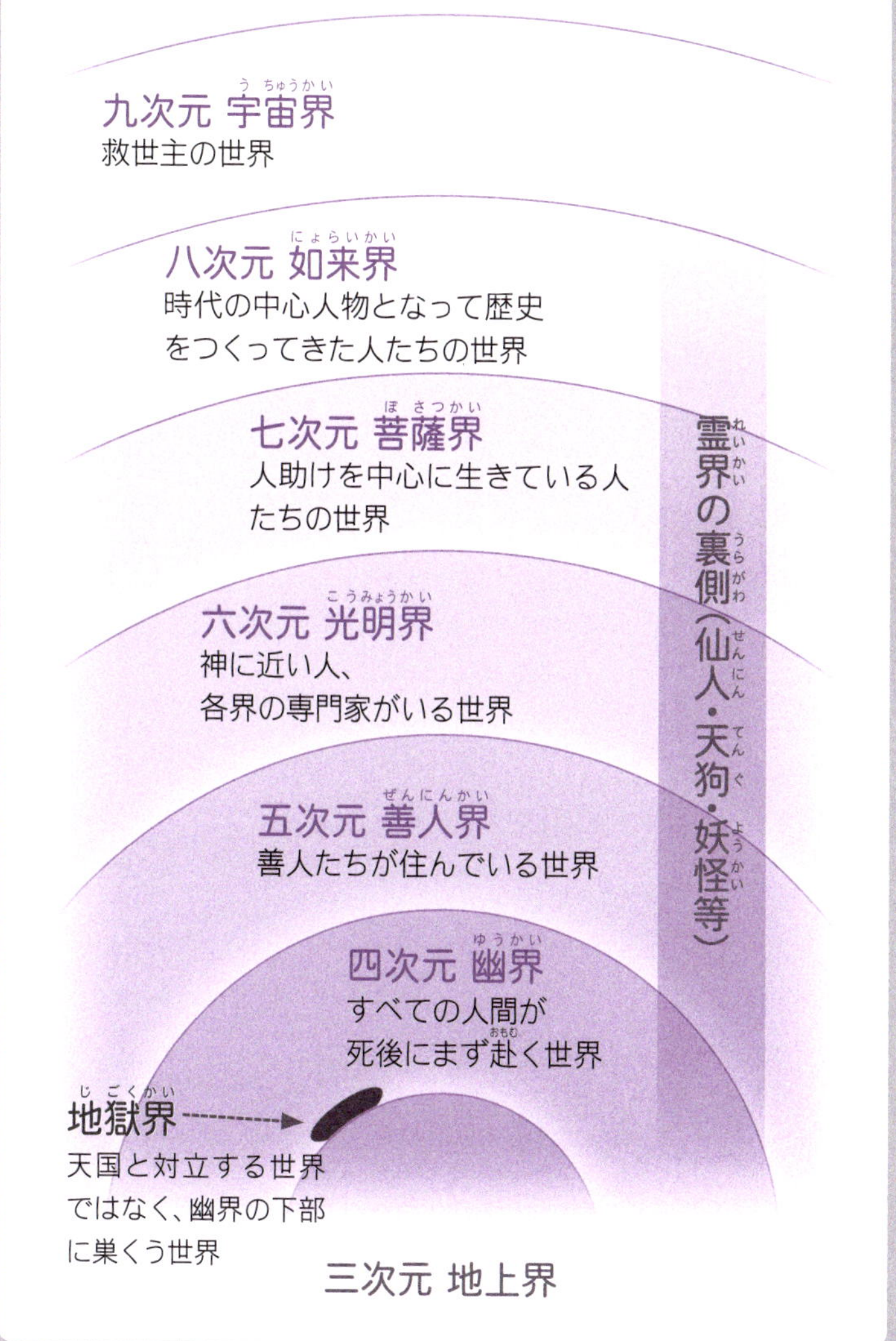
九次元 宇宙界《うちゅうかい》
救世主の世界
八次元 如来界《にょらいかい》
時代の中心人物となって歴史
をつくってきた人たちの世界
七次元 菩薩界《ぼさつかい》
人助けを中心に生きている人
たちの世界
六次元 光明界《こうみょうかい》
神に近い人、
各界の専門家がいる世界
五次元 善人界《ぜんにんかい》
善人たちが住んでいる世界
四次元 幽界《ゆうかい》
すべての人間が
死後にまず赴《おもむ》く世界
霊界《れいかい》の裏側《うらがわ》(仙人《せんにん》・天狗《てんぐ》・妖怪《ようかい》等)
地獄界《じごくかい》
天国と対立する世界
ではなく、幽界の下部
に巣くう世界
三次元 地上界

2

霊界《れいかい》の「裏側《うらがわ》の世界」とは何ですか？

魔法《まほう》使いや仙人《せんにん》・天狗《てんぐ》の世界

霊界《れいかい》には、次元という上下の差だけではなく、横の世界の広がりもあります。つまり、まっとうな方向で魂《たましい》を伸《の》ばして進化してきた霊たちのいる「表側の世界」と、魔法《まほう》使いや仙人《※せんにん》・天狗《てんぐ》のいる「裏側《うらがわ》の世界」があるのです。

裏側の世界の一例を挙げると、「ハリー・ポッター」の世界がそうです。その映画《えいが》がシリーズで何作も上映されたので観《み》た人もいるでしょうし、原作本を読んだ人もいるでしょう。

2 裏側の世界

魔法の世界は、ファンタジーとして読めば面白《おもしろ》いのですが、それを映像《えいぞう》にすると、何とも薄気味《うすきみ》の悪い場面が数多く出てきます。

そういう世界は、完全に地獄《じごく》であるかといえば、そうでもありません。確《たし》かに、あの世の世界ではあるのですが、「薄気味の悪い感じがしたり、奇妙奇天烈《きみょうきてれつ》、奇想天外《きそうてんがい》なことがたくさん起きたりする」という意味では、私が説いている霊界のような、すっきりとした世界ではなく、どこか人間離《ばな》れをした世界です。

幸福の科学に出てくる高級霊の姿《すがた》や言葉は、「この世における偉人《いじん》が、そのまま、さらに成長すると、こうなるであろう」と思えるようなものですが、「ハリー・ポッター」の世界は、魔法をかけ合うような、不思議で気持ちの悪い世界です。

日本のもので言えば、宮崎駿《みやざきはやお》氏の映画は、これと同じような世界を描《えが》いているでしょう。「千《せん》と千尋《ちひろ》の神隠《かみかく》し」や「もののけ姫《ひめ》」などには、魔法使いや仙人・天狗の世界がたくさん出てきます。

日本の霊界と、イギリスのスコットランド地方の霊界は別の世界ですが、宮崎駿氏の世界と「ハリー・ポッター」の世界は、感じがとても似通《にかよ》っています。

これが、「裏側」といわれる世界なのです。

また、日本では、大本教《おおもときょう》をつくり、大正から昭和の前期にかけて活躍《かつやく》した、出口王仁三郎《でぐちおにさぶろう》という人も、「裏側」の世界の人です。

彼は、自分が霊界探訪《たんぼう》をした話をまとめた、『霊界物語』という本を書いています。

古い本なので読みにくいのですが、その『霊界物語』を読んでみると、まさに、「ハリー・ポッター」や宮崎駿氏の映画の世界のような、奇妙奇

2 裏側の世界

天烈な世界のことが書いてあります。狐《きつね》と狸《たぬき》が化《ば》かし合ったり、蛇《へび》が出てきたりする世界、いろいろなものに変化《へんげ》し、次々と変わっていく世界の話が、たくさん書かれています。

当会でも、霊言集《れいげんしゅう》の一つとして、出口王仁三郎の霊言（『大川隆法霊言全集』第46巻および第49巻〈宗教法人幸福の科学刊〉）を出していますが、そこには、やはり、そういう「裏側」の世界について書いてあります。魔法をかけ合うような法力戦《ほうりきせん》をして、相手の姿を変えたりするような世界の話です。

そういう、一種の魔法を中心に動いている世界があるわけです。

※仙人は、霊能力や霊術、霊現象が好きで、それにこだわる人たち。
天狗は、力自慢や知恵自慢をする人たち。

3

地《じ》獄《ごく》は、どんなところですか？

「地上への執着《しゅうちゃく》」を強く持つ魂《たましい》が行く世界

地獄《じごく》という世界を、昔話の世界、仏教《ぶっきょう》の絵巻物《えまきもの》の世界、キリスト教の教育のためにつくられた特別の世界であると考えがちな人も多いでしょう。しかしながら、実際《じっさい》に地獄界は存在《そんざい》しています。それは非常《ひじょう》に厳《きび》しい事実ですが、そういう世界が現《げん》にあるのです。

地獄界は、地上世界に極《きわ》めて近い世界だと思ってよいでしょう。

地獄界にいる住人たちは、もちろん、肉体はすでになく、この世のものではありませんが、まだ地上への執着《しゅうちゃく》を非常に強く持っていて、どうしても魂《たましい》として純化《じゅんか》できないでいる人たちなのです。

つまり、「この世界の人々は、まだまだ霊《れい》として十分に目覚めていない」と言ってよいでしょう。

現に地獄にいる人たちの話を聞いてみても、自分が死んだことすら知らない人が大部分です。

なかには、自分が死んだことを知っている人もいますが、「どのようにしたらよいのか。自分たちは、今、どこにいるのか。何をなせばよいのか。何が違《ちが》っていたのか」ということを分からない人が大部分なのです。

3 地獄

地獄《じごく》にも、さまざまな段階《だんかい》がある

この地獄《じごく》世界にも、心の波動《はどう》に応《おう》じた、さまざまな段階《だんかい》があります。上段階から下段階までがあるのです。

例えば、比較的上層《ひかくてきじょうそう》の世界には、闘争《とうそう》や破壊《はかい》を中心に生きた者たちが行く阿修羅地獄《あしゅらじごく》や、男女の道を誤《あやま》った者たちが行く色情《しきじょう》地獄などが存在しています。また、詐欺《さぎ》、殺人、傷害《しょうがい》、強盗《ごうとう》などを行《おこな》った者たち、いわゆる犯罪人《はんざいにん》たちの行く世界がありますが、それも程度《ていど》に応じて段階が違っています。

地獄の最下層のほうには無間《むけん》地獄があり、そこには、思想的に、あるいは宗教的《しゅうきょうてき》に人々を間違わせ、狂《くる》わせた人々が行っています。霊の世界は、殺人などの肉体的な間違いや物質関係での間違いよりも、「人の心を狂わせる」という罪を最大の罪としています。

さらに、主として無間地獄を中心に発生した、魔界《まかい》というものがあります。これは、地獄の魔王たち、サタンたちが住んでいる世界です。

3 地獄

罰《ばつ》のためだけに地獄《じごく》があるわけではない

ただ、肝心なことは、「地獄《じごく》は決して罪《つみ》や罰《ばつ》のためだけにあるのではない」ということです。「地獄は、それぞれの人が心の傾向性《けいこうせい》に合わせて赴《おもむ》く世界である」という事実があります。

すなわち、その人の心が粗雑《そざつ》な波動を出し、いわば重い沈殿物《ちんでんぶつ》を有しているがために、どうしても上のほうに上がっていくことができずに、底のほうに沈《しず》んでいくのです。

これが物理学的な理由ですが、これを道徳的《どうとくてき》に見るならば、「各人が、自分の良心に照らして、自分の生前の思いと行いを反省し、そして、自分自身が許《ゆる》せなくなると、地獄世界に行って、さらなる魂の修行をする」ということになるわけです。

地獄《じごく》から地上に生まれ変わることはできない

ここで、忘《わす》れてはならないポイントが一つあります。それは、「人間の魂は転生輪廻《てんしょうりんね》というかたちで地上に生まれ変わってくるが、地獄界《じごくかい》からは決して生まれ変わってくることはない」という事実です。

これは、従来《じゅうらい》の宗教では、それほど強く唱えられたことがありませんし、このことを知っている人も少ないでしょう。しかし、地獄界から地上に生まれ変わってくることはできないのです。

それができないからこそ、彼《かれ》らは、憑依《ひょうい》という現象を起こし、「地上の人間に取り憑《つ》いて苦しめる」ということをやっているわけです。

もし地獄界から地上に生まれ変わることができるのならば、彼らも人間の肉体に宿って生まれ変わり、地獄の苦しみから逃《のが》れ出ることができるの

3 地獄

ですが、それができないからこそ、地獄の責《せ》め苦から逃《に》げたくて、「生きている人間に取り憑き、惑《まど》わす」ということが起きるのです。

いずれにしても、地獄にいる人たちは、仏《ほとけ》の心に反した思いと行いを現実に出して生きていたわけであり、その点に関して、深い反省を要求されているのだと言えましょう。

Mini Column 2

地獄《じごく》に堕《お》ちた人が天国へ還《かえ》るには？

悪霊《あくれい》でも、ある程度《ていど》反省が進むと、まっ黒けになっている霊体の後頭部から、ポッと光が出るようになります。

「私が悪うございました」と改心してくると、涙《なみだ》をポロポロと流して泣くようになるのです。そうすると、霊体の外側に付いている煤《すす》のような汚《よご》れたものがサーッと流れ始めて、光が出てきます。

そして、十分に心の奥底《おくそこ》まで改心ができると、天上界《てんじょうかい》へ上がっていくのです。

4 どんな人が地獄《じごく》に堕《お》ちるのですか？

「心の三毒」を持っている人が〝危《あぶ》ない〟

地獄《じごく》に堕《お》ちる原因《げんいん》のほとんどは、「貪《とん》・瞋《じん》・癡《ち》」という「心の三毒」です。

①貪《とん》――貪《むさぼ》りの心

「貪《とん》」とは、貪欲《とんよく》、貪《むさぼ》りの心です。当会の言葉で言えば「奪《うば》う愛」に生きた人です。この奪う愛、貪りの心で生きた人は、ほとんど地獄《じごく》に行くわけです。

4 地獄に堕ちる人

この「貪」の特徴《とくちょう》は、「自分では、よく分からない」ということです。しかし、他人が見れば、ものすごくよく分かるのです。

「あの人は欲の深い人だね。強欲《ごうよく》な人だね。人の気持ちが全然分からない人だね」「いつも、取っていくことばかりをする。いつも、奪っていくことばかりを考えている」というのは、本人は知らないことがけっこう多いのですが、他人が見れば、十人中、八、九人は「そのとおり」と言うのです。

自分を正しく見ることは、それほど難《むずか》しいことなのです。

この「欲の深さ」をなくすためには、やはり、「足ることを知る心」が非常《ひじょう》に大事です。

それから、「布施《ふせ》の心」も大事です。宗教《しゅうきょう》では布施ということをよく言います。布施というのは差し出すことですが、差し出すことによって執着《しゅうちゃく》が取れていくのです。

自分が取ることばかりをいつも考えている人は、「人にあげる」、あるいは「尊《とうと》いもののために差し出す」というようなことを考えないのです。そういう布施の心を持っている人であれば、貪欲の罪《つみ》で地獄などに行きはしないのです。

ところが、貪欲の罪で地獄に行く人は、自分が取り込むことばかりを考えているわけです。

②瞋《じん》――怒《いか》りの心

「瞋《じん》」とは怒《いか》りです。カーッと来る心というものがありますけれども、これなどは、たいていの場合、不平不満なのです。自分の思いどおりにならない不平不満からカーッと来るのです。

4 地獄に堕ちる人

亡《な》くなったおじいさん、おばあさん、お父さん、お母さんのことを思い出してみて、「あの人は短気な人だったね。よくカーッと怒っては周りにあたり散らしていたね」というようなことがあれば、それが原因で地獄に行っていることが多いわけです。

③癡《ち》——愚《おろ》かな心

「癡《ち》」とは愚《おろ》かさのことです。この愚かさは、必ずしも「頭が悪い」という意味ではありません。この世的には頭が良くても、この「癡」になる人は数多くいます。

これは、要するに「仏法真理《ぶっぽうしんり》を知らない」ということなのです。仏法真理を知らない人は愚かに見えるのです。

仏法真理を知っている人から見たら、まったく別方向のこと、無駄《むだ》な努力をしていて、自分の首を締《し》めるようなことを一生懸命《いっしょうけんめい》やっているのですが、この世的には頭の良い人であることが、けっこう多いのです。地獄領《りょう》域《いき》を拡大《かくだい》するような、まったく正反対の仕事をしている人がいるのです。そういう愚かさがあります。

生きているうちに仏法真理を知っていれば、地獄になど堕ちないのです。ところが、それを知らないために堕ちるのです。

5

死後、天国に還《かえ》るには、どうしたらよいですか？

常《つね》に笑顔で生活すること

一般的《いっぱんてき》には、天国は光り輝《かがや》く世界だと言われています。常楽《じょうらく》の世界とも言われ、常夏《とこなつ》の世界、喜びの世界と言われることもあります。こうした天国の実態を、この世の世界に近づけて説明するならば、「仲の良い人たちが集まって、とても楽しく語り合っている」というのが天国の姿《すがた》だと言ってよいでしょう。

天国に住む人たちの特徴《とくちょう》を一言で言えば、天真爛漫《てんしんらんまん》だということです。飾《かざ》り気がなく、生地《きじ》のままで美しい心、そうした天真爛漫な心を持っていることが、天国の住人の条件《じょうけん》なのです。

また、「他《た》の人に対して優しくしよう」という気持ちがあります。そして、「自分自身に対しても、いつも、よいことをしていこう」という気持ちがあるのです。こうした発想の原点には、「他人に迷惑《めいわく》をかけず、周りに喜びを振《ふ》りまきたい」という気持ちがあります。

天国に住むための条件を簡単《かんたん》に言い換《か》えるならば、「常《つね》に笑顔で生活できる人」ということになります。しかも、それは飾りの笑顔ではなく、本心から出る笑顔でなければなりません。これが天国に住む条件なのです。

したがって、「自らを振り返っても、自分のどこが悪いのかが分からない」という人は、「自分の肩書《かたがき》や地位、名声を取り去ったとき、素直《すなお》な笑顔を持って生きていけるかどうか」ということを、心を裸《はだか》にして考えてみるとよいのです。

5 天国に還るには

多くの人々を愛し、多くの人々に好かれること

もう一つの目安は、非常《ひじょう》に簡単なことですが、「多くの人に嫌《きら》われて生きたような人は天国にはいない」ということです。天国には人に好かれるような人たちがいるのです。

人に好かれるような人というのは、結局、多くの人を好いてきた人なのです。多くの人を好きな人は、やはり人に好かれます。そうした法則《ほうそく》があるのです。

したがって、自分は天国に還《かえ》りたいと思うならば、笑顔を絶《た》やさず、素直な心で生き、多くの人に好かれ、多くの人を愛することができる人物になればよいのです。ここまで行かなければ天国の門は開《ひら》かないと言ってよいでしょう。

これは、「その人がいると居心地《いごこち》が悪いと思われるような人は、天国には住めない」ということでもあるのです。

ガラス張《ば》りの心で生きよう

天国は相手の心がガラス張《ば》りのように分かる世界です。

それゆえ、悪《あ》しきことを心に思っていては、天国で生きていくことができません。羊のごとく共に草を食《は》むことはできないのです。

天国の実態を別の角度から話すとすれば、「ガラス張りの心、つまり、外から心の内をのぞかれても、まったく恥《は》ずかしくない心で生活している人は、間違《まちが》いなく天国に行く」ということです。

逆《ぎゃく》に、心のなかに、臭《くさ》いもの、汚《きたな》いもの、悪いものを詰《つ》め込《こ》んでいる人は、その臭気《しゅうき》が立つがゆえに、天国で生活することはできないのです。

5 天国に還るには

したがって、自分の考えていることを公然とさらされても、まったく恥ずかしくないかどうか、よく考えていただきたいのです。いろいろなところを隠《かく》さなければ生きていけないような人は、「天国は遠い」と思ってよいでしょう。

結局、人間の理想は、赤裸々《せきらら》に生き、天真爛漫に生き、ありのままに生きて、自分も他人も、それを「素晴らしい」と思うような生き方にあります。天国に生きることは決して難《むずか》しいことではなく、ただそれだけのことなのです。

Column
霊的世界の
ふしぎ1

あの世や霊《れい》が見えない理由

死後の世界は、そう簡単《かんたん》に信じてもらえるものではありませんし、仕組みとして、完全には証明《しょうめい》ができないように創《つく》られていることも事実です。

もし、あの世の世界が目に見えたならば、誰《だれ》もが「あの世の存在《そんざい》を信じる」と言うでしょうが、「あの世の世界が、この世の世界と共《きょう》存《ぞん》していて、生きている人間と同じように、この世を霊《れい》がたくさん歩いている」というようなかたちで、この世の人と霊とが一緒《いっしょ》に生活できるかというと、なかなかできないだろうと思います。

例えば、「あの世の霊が話しかけてくる。何か疑問《ぎもん》を持ったら、すぐ、あの世の霊から答えが返ってくる。あの世の霊が、『ああしろ、こうしろ』と言う」という世界だと、けっこう大変でしょう。

私は、実際《じっさい》に、そういう世界を生きているのですが、これで普通《ふつう》でいられるというのは大変なことなのです。通常《つうじょう》は、普通ではいられません。「変なことを言う」ということで、たいていの場合は隔離《かくり》されてしまいます。

そういう世界を見ながら普通に生きるには大変な力が要《い》ります。そうとう研《と》ぎ澄《す》まされた理性《りせい》・知性を持っていないと、通常は、おかしくなるのです。毎日毎日、霊体験が重なってくると、どうしても行動も考えもおかしくなってきます。これに耐《た》えられる人は、やはり少ないのです。

霊的な世界が開かれた場合、よいものに導《みちび》かれればよいのですが、そうでないものも入ってきやすいわけです。悪霊《あくれい》などが、いろいろ取り憑《つ》いてきたりして、それを直《ちょく》接《せつ》に感じるようになり、声が聞こえ始めると、事実上、人間としての生存が不可能《ふかのう》になり、ほとんど人生は終わりになります。

「霊の世界が見えたり、感知できたりしながら、それでも、あえて仕事ができる」というのは、映画《えいが》「ゴーストバスターズ」の世界でしょう。〝幽霊捕獲人《ゆうれいほかくにん》〟として幽霊を追いかけ回している人であれば、それが商売なので、そのとおりでしょう。それから、もちろん、職《しょく》業霊能者《ぎょうれいのうしゃ》は、それで仕事をしているわけです。

Column
霊的世界のふしぎ 1

しかし、普通の人の場合は、「霊の世界が、確《たし》かな実感として完全に証明できる」というところまで行《い》ってしまうと、生活ができなくなります。

例えば、みなさんの死んだ祖父《そふ》や祖母《そぼ》、父や母が、みなさんの部屋で、いつも、みなさんを見ていたり、夜、寝《ね》ているときに来たりするような状態《じょうたい》では、みなさんは生活できないでしょう。やはり、霊の声が聞こえず、霊の姿《すがた》が見えないほうがよいのです。

Part 2

この世とあの世を知って幸福な人生を

[Chapter 1]

この世に、どうやって生まれてくるのか

1 生まれ変わりや過去世《かこぜ》というものは、ほんとうにありますか？

人間は、永遠《えいえん》の生命を持ち、何度も生まれ変わっている

私は、「あの世の世界は確実《かくじつ》にあり、それが人間の本来の世界である」ということを、繰《く》り返し繰り返し、みなさんに述《の》べてきました。そして、「この世で生きている数十年の人生というものは、ほんのひとときの夢《ゆめ》、あるいは一時期の旅行にしかすぎないのだ」ということも、繰り返し繰り返し述べてきました。

人間は、永遠《えいえん》の生命、不滅《ふめつ》の生命を有しています。そして、何千年、何万年、あるいは、それ以上の永《なが》い永い歳月を、魂《たましい》として生き抜《ぬ》いているの

1 生まれ変わり

です。

その間、この地上では、両親の縁《えん》によって肉体という〝乗り物〟に魂が宿り、子孫が繁栄《はんえい》し、何度も何度も魂修行《しゅぎょう》をなすことができるようになっているのです。


いろいろな文化・文明を経験《けいけん》できるのは、素晴《すば》らしいこと

「なぜ、そのような複雑怪奇《ふくざつかいき》なことをするのだろうか」と思う人も、おそらくいることでしょう。

「霊《れい》として、そのまま霊界で生活していたらよいではないか。何ゆえに、わざわざ肉体に宿って生まれてきて、人生の〝川下り〟をしなければならないのか。やがては死んで、あの世に還《かえ》らなければならないのに……」と、不思議に思う人もいるかもしれません。

しかし、私は、真実を実体験した者として、この転生輪廻《てんしょうりんね》の秘密《ひみつ》を分かりやすく述べるとするならば、「これこそが、実は、仏《ほとけ》の発明した最大の幸福論《こうふくろん》かもしれない」と思えるのです。

人間は、肉体に宿って、数十年の人生を生きている間は、ある特定の名前を持ち、「自分は、○○という名前を持った固有の存在《そんざい》だ」と思って、一生懸命《いっしょうけんめい》に人生を生きるわけですが、永い永い転生の記憶《きおく》からすると、「それは、あるとき、ある劇《げき》に出演《しゅつえん》した配役の名前にしかすぎない」ということが分かります。

「人間は、いろいろな時代の、いろいろな舞台《ぶたい》での劇のなかに、違《ちが》った名前の役者として出演し、演技《えんぎ》の腕《うで》を磨《みが》いている」という事実が分かってくるのです。

今は日本人として生きているかもしれません。しかし、一時代前には中

1 生まれ変わり

国人だったかもしれません。あるいは、イギリス人だったかもしれない し、アメリカ人やフランス人だったかもしれません。かつてはインドやエジプトに生きていたかもしれません。

そういうことを心のなかで思い描《えが》いてみてください。素晴《すば》らしい経験だと思いませんか。素晴らしい世界だと思いませんか。

いろいろな文明の、いろいろな文化が花咲《さ》いているときに、生まれて、大きくなり、仕事をして、恋《こい》をし、結婚《けっこん》して、子供《こども》を育て、そして老いて死んでいく……。

老いて死ぬことは非常《ひじょう》に悲しいことではありますが、それを経《へ》ることによって、さらに次なる機会が与《あた》えられるのです。

2

人間が動物に生まれ変わることはありますか？

原則《げんそく》、人間は人間に生まれ変わる

修行《しゅぎょう》のために、一時期、動物の肉体に宿ることも可能《かのう》ではあります。しかし、その場合でも、人間にごく近い高等動物にしか宿りません。それも一年か二年という短い期間だけです。それは、人間として生まれることのありがたさを感じさせるために行われることなのです。

したがって、犬や猫《ねこ》などの高等動物のなかには、過去《かこ》に人間だったものも一部にはいるのです。

彼《かれ》らは、動物に生まれ変わっても、その間、人間的感覚を保有《ほゆう》しているため、「生」そのものが非常《ひじょう》に惨《みじ》めになります。しかし、それを通り越《こ》したときに、「人間であるということは、これほどありがたいものか」ということを感じることになるのです。

2 動物への生まれ変わり

しかし、人間が動物に生まれ変わるのは、あくまでも例外中の例外であり、一般的《いっぱんてき》には、人間は人間として生まれ変わると言ってよいでしょう。

3 「カルマ」（業《ごう》）とは何ですか？

その人の魂《たましい》が背負《せお》っている〝宿題〟のこと

転生《てんしょう》を繰《く》り返しているうちに、魂《たましい》には一定の傾向性《けいこうせい》というものが出てきます。何度も何度も転生しているうちに、その人の魂にとっての特徴《とくちょう》が、長所と短所として、はっきりと出てきます。

そして、生まれ変わりのシステムをつぶさに研究すると、「どうやら、人間は、この世に生まれ変わってくる前に、今世《こんぜ》の魂修行《しゅぎょう》の課題とも言うべきものを明確《めいかく》に決めてきているらしい」ということが分かってきました。

3 カルマ

過去《かこ》の何回かの地上経験《けいけん》を経《へ》て生きてきたときに、その人が卒業できなかったこと、そのままでは合格《ごうかく》ではなかったと言われるところを、同じような環境《かんきょう》において、もう一度、試《ため》されることもあれば、まったく逆《ぎゃく》の環境において試されることもあります。

そして、魂は、通常《つうじょう》、男性霊《だんせいれい》は男性霊として生まれ変わり、女性霊は女性霊として生まれ変わりますが、時折、男女が入れ替《か》わって生まれ変わることがある事実も、私は突《つ》き止めています。

例えば、女性であれば、今世で、夫、あるいは、それ以外の男性から虐《しいた》げられ、「なぜ、こんなに虐げられる生き方をしなければいけないか」と思うような、ほんとうにつらい一生を送ることがあります。そういう仕打ちをした男性は、カルマという、その人の魂が背負《せお》っている宿題を持って、あの世に還《かえ》ることになります。

カルマを刈《か》り取る方法とは？

その男性がそのカルマを刈《か》り取るのには二通りの方法があります。

一つは、「もう一度、同じような魂の人と、夫婦《ふうふ》なら夫婦、友人なら友人、知り合いなら知り合いになって、似《に》たような環境で過《す》ごす」ということです。前回と同じように、例えば、その女性をいじめる人生を生きるか、それとも、今度は心を入れ替えて、見事に調和された夫婦生活、あるいは友人関係を持つか、それを試される場合です。

もう一つ、まったく逆のケースとして、「そうした男性が、今度は女性として生まれ変わってくる」ということもあります。そして、今度は、逆に男性に意地悪をされるような立場を経験することもあるのです。

魂のカルマの刈り取りの方法としては、そういう極端《きょくたん》な二つのケースが

3 カルマ

あります。似たような環境において、もう一度やって、どうなるかを何回でも試されるケースと、まったく逆の立場で、つまり、自分が加害者であるならば、被害者になった立場でどうなるかというケースがあるのです。

なかには、身体的に不自由な人もいるだろうと思います。それは、今世だけをとってみたら、たいへん悲しいことですが、その人のライフ・リーディングをしてみると、八割《わり》から九割は過去世《かこぜ》に原因があります。

人間は、過去の転生において、戦争やけんかなど暴力行為《ぼうりょくこうい》をたくさん経験してきています。その過程《かてい》で、他《た》の人を何らかのかたちで傷《きず》つけた経験があると、カルマの仕組みとして、まったく同じ部所が傷《いた》むことがあるのです。

例えば、過去世でローマ時代に生まれ、他人の目を、くりぬいたり潰《つぶ》したりする経験をしてしまった人もいます。そうした経験をしたために、次の転生では目で苦労する人もいます。同じように、耳で苦労する人もいます。

あるいは、戦争で他人の足などを刀で切って傷つけたようなときに、どこかの転生で一度、不自由な体で生まれることもあります。「自分の身になってみないと分からない」という人間の愚《おろ》かさゆえに、もう一度チャンスを与えられていることが多いのです。

カルマの刈《か》り取りは単なる罰《ばつ》ではない

あるいは、そのように罰《ばつ》として繰り返すのみならず、自分から進んで、そういう環境に身を置く人もいます。

地上時代の過《あやま》ちは過ちとして、もう十分に反省はしているのですが、自分の良心が自分自身を許《ゆる》すことができないため、あえて、そういう環境や

3 カルマ

立場を選び、「どうか、私の魂を磨《みが》くために、そういう身分で、そういう立場で、そういう境遇《きょうぐう》で、生まれさせてください」とお願いして生まれてくる人も、なかにはいます。

やはり、いくら反省しても反省しても、一度犯《おか》した罪《つみ》というものを、自分自身で許すことができない、消すことができないので、「どうか、一度、そういう経験をさせてください」と望む人もいます。

例えば、何らかの不注意で子供《こども》を亡《な》くしてしまった人、あるいは、何らかの原因行為によって、病気や事故《じこ》で自分の愛する人を亡くしてしまった人は、悔恨《かいこん》の思い、後悔《こうかい》の思いというものに、どうしても耐《た》えることができなくて、次回生まれ変わってくるときに、「どうか、自分を、天寿《てんじゅ》がまっとうできないような境涯《きょうがい》にしてください。一度でいいですから、そういう経験をさせてください」というお願いをして生まれ変わり、病弱であったり、あるいは、二十歳《はたち》を過《す》ぎてから事故に遭《あ》ったりして、亡くなる人もいます。

そのときに、あの世で自分がそういう計画をして生まれてきたことを忘《わす》れ、今世《こんぜ》のみの幸・不幸を捉《とら》えて、親を恨《うら》んだり友人や先生を恨んだり、あるいは、環境を恨んだり国を恨んだりする人がいますが、これは間違《まちが》いなのです。

Part 2

この世とあの世を知って幸福な人生を

[Chapter 2]

運命は変えられるか

1

運命は決まっていて変えられないものですか？

運命には自由裁量《さいりょう》の幅《はば》もある

運命は変えがたいものかといえば、そうではない部分もあります。確《たし》かに、人間の運命には、すでに決まっていて変えがたい部分もありますが、本人の自由意志《いし》による裁量《さいりょう》に任《まか》されている部分もそうとうあります。その裁量の幅《はば》は、個人《こじん》によってかなり差があるのです。

人間の運命をつくっている要因《よういん》は何でしょうか。

一番目は、生まれてくる前に立てた計画です。

二番目は、地上に出てからの本人の努力です。

三番目は、霊的影響《れいてきえいきょう》です。この霊的影響のなかには、本人の守護霊《しゅごれい》や指《し》導霊《どうれい》の影響もあれば、憑依霊《ひょういれい》などの悪霊《あくれい》の影響もあります。

こうした要因が重なり合って、その人の運命が決まっていくのです。

運命が決まっていない証拠《しょうこ》とは？

ただ、ここで考えていただきたい点は、「地上に生まれてくるときに、自分が地獄《じごく》に堕《お》ちる計画を立てて出てくる人はいない」ということです。「最悪の場合は、そうした結果になるかもしれない」とは思っても、「おそらく、そんなことはあるまい」と思って生まれてきているのです。

しかし、現実《げんじつ》には、かなりの数の人が地獄に堕ちています。こうした人は、「生まれ落ちてから死ぬまでの間に、運命にかなりの変更《へんこう》があった」と見てよいでしょう。変更があったのは、二番目の「本人の努力」と三番目の「霊的影響」の部分です。

守護霊の指導を受けて、まっとうな人生を送れば問題はないのですが、心に曇《くも》りをつくり、間違《まちが》った心のままに生きていると、悪《あ》しき霊たちに憑《ひょう》依《い》され、心がさらに重く暗い方向へと傾《かたむ》いていき、地獄に堕ちることになるのです。

2

人の〝寿命《じゅみょう》〟は決まっているのですか？

地上にいる存在理由《そんざい》があれば、寿命《じゅみょう》が延《の》びることもある

一般《いっぱん》に、寿命というものがあると言われていますが、これは百パーセント決まったものではないのです。実は、努力によって寿命は実際《じっさい》に延《の》ばせるのです。

人生のなかには、やはり、節目としての曲がり角があります。これは、予定として、ある程度はあります。五十五歳《さい》、あるいは七十歳、七十五歳、八十歳……と、いろいろなところで、節目、曲がり角があります。

この節目のところで思想的に変革《へんかく》が起きた場合には、寿命が延びること

があるのです。

寿命が延びるための根拠《こんきょ》、理由は何かというと、それは、「その人がこの地上にいる存在《そんざい》理由がある」ということです。存在理由がなければ、地上を去ります。存在理由があれば、地上にいることが許《ゆる》されるのです。

寿命を延ばしたい人は、自分の存在理由をつくらなければなりません。存在理由のいちばん大きなものは、「年をとってからでも、する仕事がある」ということです。したがって、それを設計《せっけい》しておくことが大事です。

どうか、こうした発想を持っていただきたいのです。

「先行きがもう短い」と思っている方にアドバイスするならば、「思いきって百二十歳ぐらいまで計画を立ててください」ということです。百二十歳計画を立てたときに、悩《なや》みは消えます。しなければならないことが、は

2 寿命

っきりします。順次、それを実行に移《うつ》すことです。そして、「道の途中《とちゅう》で倒《たお》れても、またよきかな」という気持ちでいればよいのです。

3

“運命の赤い糸”は、ほんとうにあるのですか？

結婚《けっこん》する相手は、あの世で約束してきている

原則《げんそく》としては、だいたい約束はしてきています。

転生輪廻《てんしょうりんね》の周期は、平均的《へいきんてき》な魂《たましい》で、だいたい三百年ぐらいです。菩薩《ぼさつ》といわれるような高級霊《こうきゅうれい》になると、七、八百年ぐらいの周期で出てきます。如来《にょらい》になってくると、千数百年とか二千年とか、こういう大きな周期で出てきます。

このように何度も生まれ変わってきますが、「その相手とは初めて結婚《けっこん》する」ということもあります。

3 運命の赤い糸

人類の歴史というものは、今、知られているような、短いものではなく、もっともっと遙《はる》かに長いものなので、もちろん、いつも同じ人とばかり結婚しているわけではありません。結婚相手は何回も入れ替《か》わっているわけです。

ただ、過去世《かこぜ》のどこかにおいて縁《えん》があった人である可能性《かのうせい》は非常《ひじょう》に強いのです。パーセンテージで言うのは難《むずか》しいかもしれませんが、おそらく九十九パーセントぐらい、何らかの縁があります。

夫婦《ふうふ》としては初めてであっても、例えば、過去世で、極《きわ》めて仲の良い兄と妹、あるいは姉と弟であって、「今世、どうしても会いたい」というので夫婦の約束をする場合もありますし、肉親ではなかったけれども、深い深い人間的なきずながあったような人と、初めて夫婦になる場合もあります。

しかし、たいていの場合、九十数パーセントは、過去世のどこかの時点で伴侶《はんりょ》であった人と一緒《いっしょ》になることが多いように思います。

運命の赤い糸にこだわりすぎてもいけない

では、間違《まちが》って、約束していない人と結婚した場合には、どうなるのでしょうか。それは、あることはあります。どんぴしゃりとはいかないこともあるのです。

例えば、数十年ほど前に太平洋戦争がありましたが、あのときには男性が大量に死んでしまいました。そのために、「女性が男性の何倍もいる」というような事態《じたい》になりました。

では、若《わか》い女性は、みな、独身《どくしん》を通すことを計画して出てきていたかというと、そんなこともないのです。やはり、「できたら、この人」と思っ

3 運命の赤い糸

ていたのに、相手が戦争で死んでしまったとか、そういうことはたくさんあります。

そういう社会環境《かんきょう》のなかで揉《も》まれてしまうと、やはり、自分の考えていた最良の相手と巡《めぐ》り会えない場合はあります。

こういう場合には、どうなるかというと、それでも、過去世のどこかで多少は縁のあった人と引き付け合うことが非常に多いのです。

同時代に生まれ変わるときに、一人の人とだけ一緒に出るのではなく、過去世で、似《に》たような時代に生きてきた人たちと、集団《しゅうだん》で出ることが、やはりよくあります。

夫婦の縁というものも、「AさんとBさんが結婚するのが、いちばん良い」という、ベストの組み合わせはあるのですが、やはり何段階《だんかい》かあって、予備《よび》はあるのです。「この人が駄目《だめ》な場合は、この人。この人を先に取られたら、この人」というように、みな、二つ三つぐらいの縁は、いちおう予備として持っています。

ほんとうの「夫婦の約束」というものもありますが、それ以外に、地上で、いろいろな混乱《こんらん》が起き、本人の自由意思の段階で、考えていなかったような相手と結び付くことはあるのです。

Part 2

この世とあの世を知って幸福な人生を

[Chapter 3]

一人ぼっちで生きているわけではない

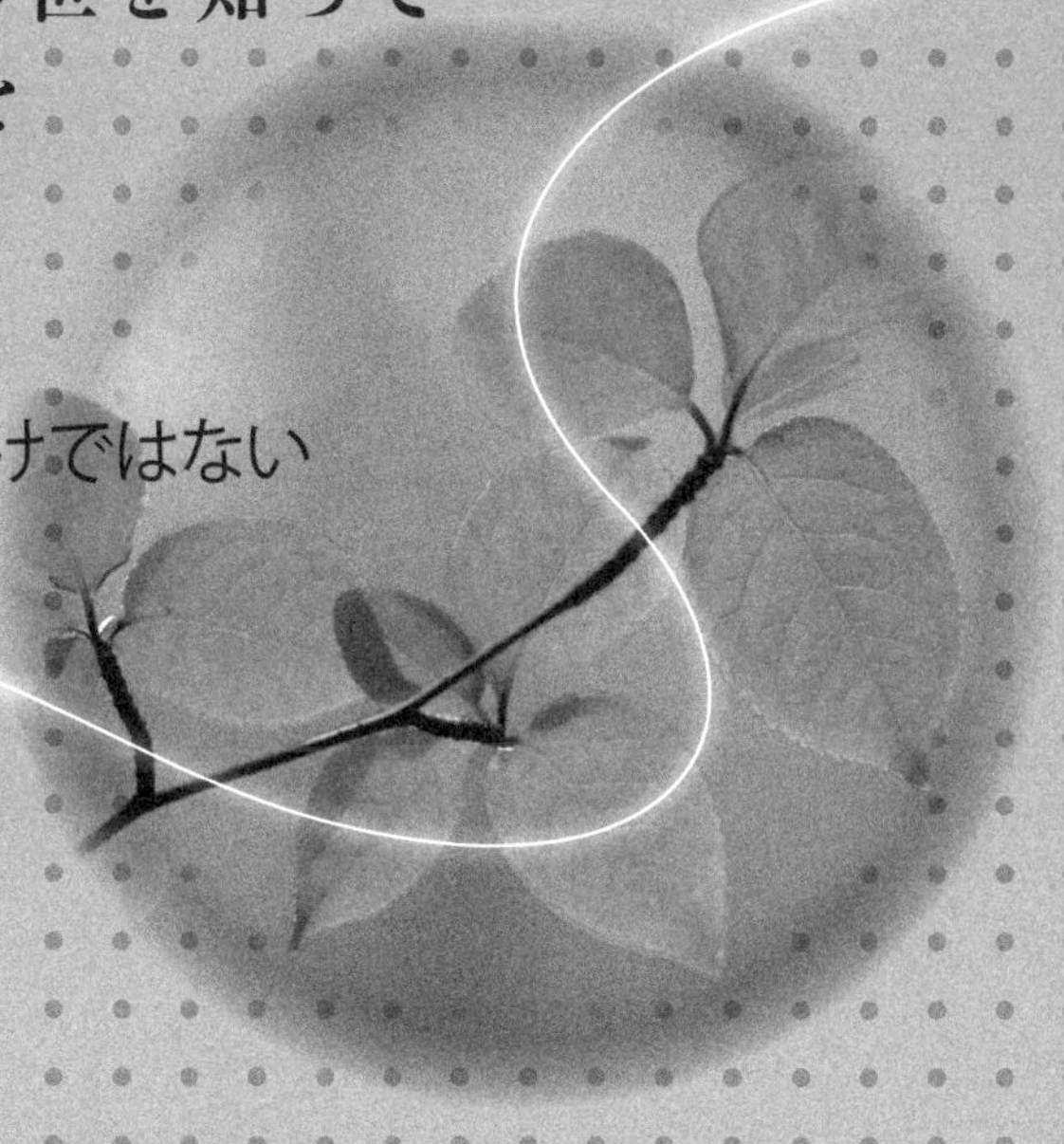

1 守護霊《しゅごれい》とは何ですか？

守護霊《しゅごれい》は「魂《たましい》のきょうだい」の一人が務《つと》めている

人間はエネルギー体であって、肉体に入っている魂《たましい》だけが自分なのではありません。ヒトデの腕《うで》が何本かあるように、霊体として幾《いく》つかに分かれていて、〝頭や手足〟を持っている存在《そんざい》なのです。

それを、「魂のきょうだい」といいます。

そのうちの一つが、実際《じっさい》に肉体に入って、この世での生活をしています。そして、残った手足の部分、あるいは頭脳《ずのう》の部分があの世に存在しており、守護霊として、この世の人の人生行路に対して数多くのメッセージを送り続けているのです。

1 守護霊

守護霊《しゅごれい》は万能《ばんのう》ではないが、地上の人より一段《いちだん》高い認識力《にんしきりょく》を持っている

あの世に生きている人は、この世に生きている人より、やや高いところに昇《のぼ》っているようなものなので、この世の人よりもよく見えます。

そこで、この世の人がつまずく前に、信号として、いろいろなメッセージを送ってきているのです。

もちろん、守護霊といっても、本人の意識《いしき》レベルとそう大きくは変わりません。本人自身のもともとの悟《さと》りが高くなければ、霊界《れいかい》からもそれほど高度なメッセージが来ているわけではありません。

ただ、地上に生きている本人よりは、少なくとも一段《いちだん》高い認識力《にんしきりょく》を持っ

ていることは確《たし》かです。

したがって、日ごろ自分を守護している、自分自身の魂のきょうだいからのメッセージを受けられるような生き方をすることが、まず大事です。

これが人生の幸福のための第一歩であると考えてよいと思います。

魂《たましい》のきょうだいと守護霊《しゅごれい》の仕組み

原則《げんそく》として、魂は六人で一組になっている。
リーダー役の霊を「本体」、ほかの五人を「分身」という。

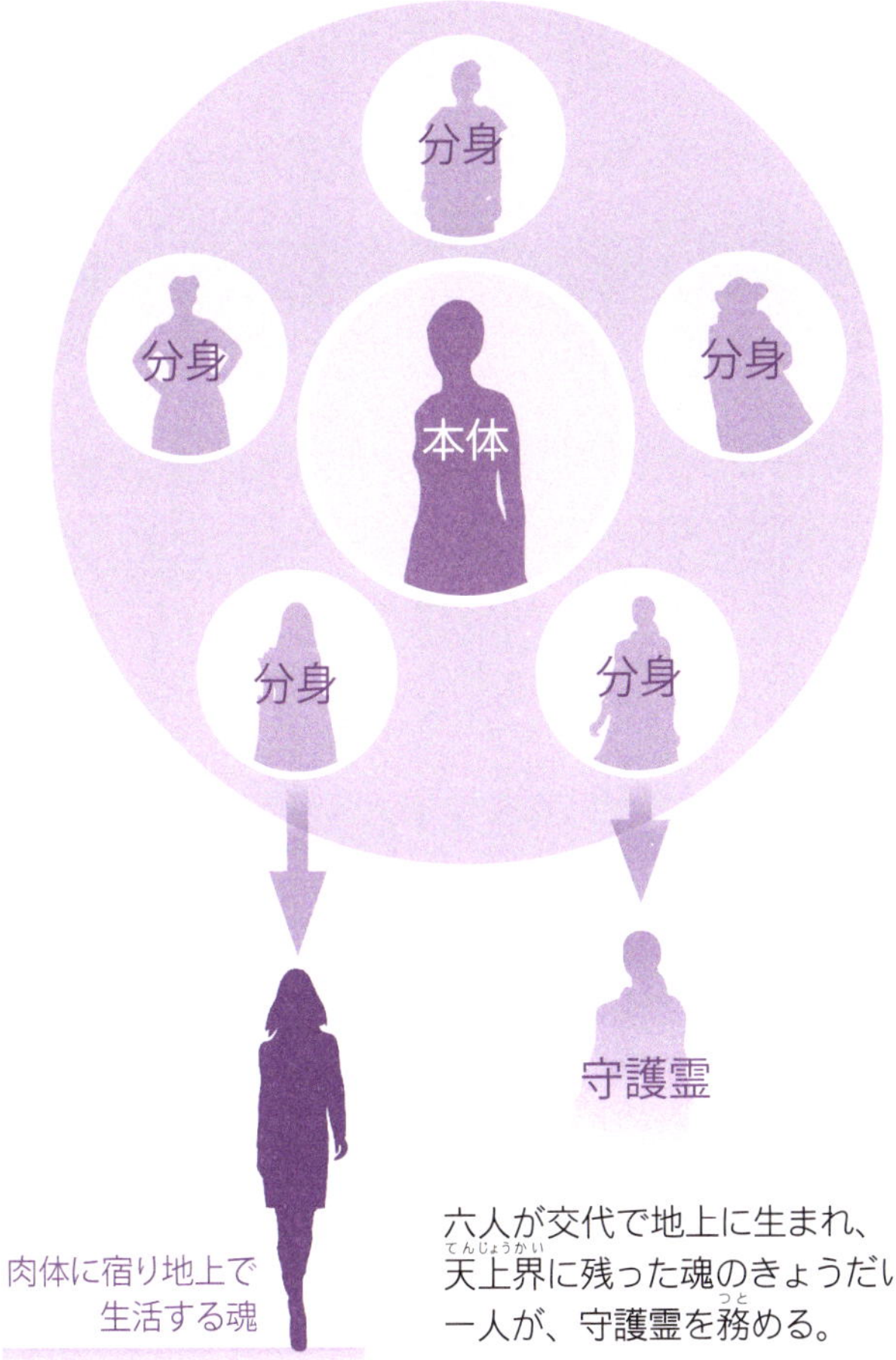

六人が交代で地上に生まれ、
天上界《てんじょうかい》に残った魂のきょうだいの
一人が、守護霊を務《つと》める。

2

守護霊《しゅごれい》がいるのに、なぜ私は不幸続きなのですか？

守護霊《しゅごれい》は日々あなたを見守っている

あの世の話をして、「みなさん一人ひとりには、守護霊という存在《そんざい》がついていて、彼《かれ》らがみなさんを見守っているのですよ」と話したら、信仰心《しんこうしん》のない人はすぐに言い返してきます。

「守護霊がついているのに、どうして俺《おれ》はこんなに不幸なんだ」「どうして事業に失敗するのだ」「どうしてお金が儲《もう》からないのだ」「どうして家族が病気で死んだのだ。おかしいではないか」と言います。

「守護霊がいるなら、ちゃんと護《まも》ってくれるはずなのに、護ってくれな

2 守護霊の役割

いではないか。だから信じられない」と言う人がいるのです。

これは、不幸な選択《せんたく》をしていく人です。どんどん悪いほうに悪いほうに考える人です。

私はずっと見てきましたが、守護霊は、ほんとうに、みなさんの生き方を、毎日毎日、見守っていて、一緒《いっしょ》に喜んだり悲しんだりしているのです。

守護霊《しゅごれい》は、あくまでも〝指導教官役《しどうきょうかんやく》〟、地上の人がハンドルを握《にぎ》っている

ただ、原則《げんそく》というものがあって、この世に肉体を持って生活している魂《たましい》には、その人の今世の魂修行《しゅぎょう》がありますから、あくまでも主体性《しゅたいせい》は地上の人にあるのです。

これを完全にピノキオなどの操《あやつ》り人形のように操れるとしたら、この世の人間の魂修行は意味がなくなります。ゼロになります。

そのため、それは、してはいけないことになっているのです。これがつらいところです。

ほんとうに、バックシート・ドライバーのように後ろに乗っていて、「あっちに行きなさい。こっちに行きなさい」と指図はしているのだけれども、自分がハンドルを握《にぎ》って運転してはいけないのです。

それは、例えば自動車教習所では、教官が横に座《すわ》っていて、危《あぶ》ないときにはブレーキを踏《ふ》んだりするけれども、教官が自らハンドルをとって運転するわけにはいかないのと同じです。それでは指導《しどう》にならないわけです。そういうところがあります。

これは、この世とあの世では修行場所が違《ちが》っている以上、やむをえない

2 守護霊の役割

原則なのです。したがって、これは受け入れざるをえません。

ただ、みなさんには、「危機《きき》のときには、それを知らせて、いい方向に善導《ぜんどう》しよう」といつも思っている人（守護霊《しゅごれい》）がいることは、信じていただきたいと思います。

3

守《しゅ》護《ご》霊《れい》の導《みちび》きを得るには、どうすればよいのですか？

守護霊《しゅごれい》には、あの世での生活がある

地上の人間は傲慢《ごうまん》になりやすく、「私に守護霊がいるのならば、私が危機《きき》にあるときには、すぐ助けに来てくれるはずだ」「指導霊《しどうれい》は愛と慈悲《じひ》のかたまりなのだから、悪霊《あくれい》を追い払《はら》いに来てくれるはずだ」などと考えがちです。

しかし、過去《かこ》、三十年近くの間（発刊時点）、私がいろいろと体験したところによると、守護霊や指導霊は、普段《ふだん》はあの世で仕事をしていて、この世には要所要所を締《し》めに来ているのです。

3 守護霊の導き

彼《かれ》らにはあの世での生活があることを、みなさんは知っていなければいけません。

例えば、みなさんが日々の仕事で計算機のキーを押《お》しているときに、守護霊がみなさんと一緒《いっしょ》に押しているということはありません。また、指導霊が一日中みなさんを見ているわけでもありません。

守護・指導霊は、公園で子供が走っているのを見ている親のように、みなさんを大まかな範囲《はんい》で見てはいますが、細かなことについて、「右だ」「左だ」というように、いちいち指示《しじ》を出しているわけではなく、ある程《てい》度《ど》、地上の人間の裁量《さいりょう》に任《まか》せているのです。

祈《いの》りは必ず守護霊《しゅごれい》に通じる

したがって、みなさんが「今の自分には守護霊《しゅごれい》や指導霊による護《まも》りが必要だ」と思う場合には、その内容《ないよう》を明確《めいかく》にお願いすればよいと思います。

例えば、公園の砂場《すなば》で遊んでいる子供が、「パパ」「ママ」と呼《よ》べば、親はすぐに寄《よ》ってきます。それと同じで、守護霊や指導霊は、自分が必要とされていると思えばサッと寄ってくるのです。

「今、悪霊から護ってほしいのです」

「反省をするにあたって、霊域《れいいき》の浄化《じょうか》をしたいのです」

「私はこれから祈願《きがん》をしますが、間違《まちが》った祈願になったり、悪霊が入って欲望《よくぼう》をそそったりすることがないようにしたいのです」

こうした場合には、守護・指導霊に、きちんとお願いしてください。幸福

3 守護霊の導き

の科学の会員であれば、「守護・指導霊への祈《いの》り」※を使うとよいでしょう。

心で念じたことは、あの世の世界にほとんど一瞬《いっしゅん》で通じます。この祈りは、ほんの三十秒か一分ほどで終わる祈りですが、祈っていると、自分の守護霊や指導霊が近くに来てくれます。

反省や祈りをするときの作法として、まず、「守護・指導霊への祈り」を読誦《どくじゅ》するとよいでしょう。

この祈りは毎日読誦してもかまいません。そうすれば、守護霊や指導霊との一体感がさらに強化されていきます。

ただし、守護霊や指導霊に祈るときには、少なくとも、「威儀《いぎ》を正して自分を見つめよう」という気持ちがなければいけません。

※幸福の科学の会員に授与される「入会版『正心法語』」および、三帰誓願者に授与される「祈願文①」に所収。

Part 2

この世とあの世を知って幸福な人生を

[Chapter 4]

あなたも天使になれる!?

1 天使は、ほんとうにいるのですか？

天使は現実《げんじつ》に存在《そんざい》する

現代《げんだい》のいわゆる常識人《じょうしきじん》たちは、天使という存在《そんざい》について、なかなか信じることができないだろうと思います。たとえ敬虔《けいけん》なクリスチャンであっても、天使という存在に対して、頭では信じていても、実感としては、そう簡単には信じることができないはずです。

キリスト教では、「父と子と聖霊《せいれい》」ということが言われています。クリスチャンたちにとっては、「父なる神」は分かる気がしても、また、「子なるキリスト」も分かるにしても、「聖霊たち」になると、よく分からない

1 天使の存在

ようです。

しかし、洋の東西を問わず、古今《ここん》を通じて、天使的な存在と悪魔的《あくまてき》な存在についての話があります。それは文明国であっても発展途上国《はってんとじょうこく》であっても同じです。なぜかといえば、現にそうした存在があるからです。

地上を去ったばかりの人を救う天使は何億人もいる

天使とは、一言で言えば高級霊《こうきゅうれい》の総称《そうしょう》です。

しかし、高級霊といっても、さまざまな段階《だんかい》があります。六次元光明界《こうみょうかい》の上段階あたりから、天使といわれる存在がいるのです。いわゆる諸天善神《しょてんぜんしん》です。その他《た》、菩薩《ぼさつ》や如来《にょらい》の段階の人たちも天使といわれています。

天使のなかで、地上を去ったばかりの人たちを救う天使というのは、いわゆる第一段階の天使です。この第一段階の天使は、法を説くことよりも、人間の魂《たましい》の現実的な救済《きゅうさい》のために働いていています。

こうした天使は非常《ひじょう》に数多くいます。この世を去ってあの世に行ったばかりの人たちを導《みちび》いたり、その人たちを収容《しゅうよう》して、さまざまな教育をしたりしている天使、すなわち第一段階の天使は、何億人もいるのです。

しかも、一人ひとりの思想や信《しん》条《じょう》、宗教環境《しゅうきょうかんきょう》に合わせた天使が出てきて指導をします。キリスト教圏《けん》では、やはりキリスト教系《けい》の天使たち

Mini Column 3

天使の愛

みなさんは、天使が教会で指導《しどう》をしていることも、戦争が起きている所で人々を慰《なぐさ》めている現実《げんじつ》も、分からないでしょう。世界を平和にするために彼《かれ》らが働きかけていることも、分からないでしょう。

彼らの活動を、この世の人は見ることができません。まさに透明《とうめい》な愛です。

それでも、彼らは活動をやめません。たとえ、この世の人が、それを理解《りかい》できなくても、彼らの存在《そんざい》を認識《にんしき》していなくても、あるいは、「天使など存在しない。あの世など存在しない。霊《れい》など存在しない」と否定《ひてい》していても、彼らは地上の人たちを助けることをやめないのです。

1 天使の存在

が、そうした指導をしています。また、仏教圏《ぶっきょうけん》では、仏教系の諸菩薩が指導をしていることが非常に多いのです。つまり、指導を受ける者が信じやすいような姿《すがた》で出てくるのです。

天使は、この世に生まれてくることもある

しかし、天使たちは、あの世にだけ存在しているのではありません。彼《かれ》らの多くは、数百年から千年ぐらいの周期で、地上に生まれ変わってきています。

なぜ彼らはそうしたことをするのでしょうか。「地上での自分自身の魂修行」という目的もあれば、「地上を浄化《じょうか》する」という目的もあります。しかし、それだけではなく、人間としての感覚を忘《わす》れないためにも、彼らは、時折、地上に出てくるのです。

天使として、あの世にあまり長くいると、地上の人間の考え方、心の持ち方が理解《りかい》できなくなってしまうので、天使たちがよりよき教育者となるためには、自らも地上の感覚を身につける必要があるのです。

そうした必要から、天使たちも地上に生まれてきます。そして、地上的な感覚を身につけることによって、※対機説法《たいきせっぽう》ができるようになり、より多くの人たちを導けるようになるのです。

※教えをきく人の能力・素質にふさわしく法を説くこと。

2

地上に下りて活躍《かつやく》した天使（菩《ぼ》薩《さつ》・如《にょ》来《らい》）には、どういう人がいますか？

宗教家《しゅうきょうか》や心の問題における指導者《しどうしゃ》――七次元の菩薩界《ぼさつかい》

七次元の菩薩界には、地上に生きていたとき、仏法真理《ぶっぽうしんり》を広げるために身を挺《てい》して努力した人や、「自分では、そうとは気がつかなかったけれども、人助けのために、ほんとうに大きな事業を起こしてきた」という人たちが数多くいます。

この七次元の菩薩界にいちばん多いのは、やはり宗教家《しゅうきょうか》であり、七割《わり》、八割ぐらいの人は宗教家です。心の問題を指導《しどう》する人々、心の問題の指導者であった人々が、主として、この世界に来ていると言ってもよいでしょう。

ただ、必ずしも宗教家だけではなくて、例えば、日本においては、明治維新《いしん》の志士《しし》や元勲《げんくん》たちのなかに、菩薩になっている人が数多くいます。勝《かつ》海舟《かいしゅう》、坂本龍馬《さかもとりょうま》などが、菩薩の世界において現在も活躍中《かつやくちゅう》です。

ほかにも、いろいろな国の指導者のなかで、心の立派であった人々が、この菩薩の世界に数多く来ています。

独自《どくじ》の思想で一つの時代の山をつくった人たち
——八次元の如来界《にょらいかい》

さらに、この上の八次元世界には、如来《にょらい》といわれる人々が住んでいます。現在、五百名弱の如来が住んでいます。如来は、もちろん、菩薩の進化した人々ですが、一宗一派《いっしゅういっぱ》を起こしていける人々、一つの時代の山をつくれる人々が如来と呼ばれています。

2 地上に下りた天使

如来として、どのような人がいるかというと、日本の歴史のなかで言うならば、聖徳太子《しょうとくたいし》や空海《くうかい》などがそうです。また、現在、如来界と菩薩界の中間領域《りょういき》の梵天界《ぼんてんかい》という所で仕事をしている日蓮《にちれん》も、本来の霊格《れいかく》は如来です。この梵天界には福沢諭吉《ふくざわゆきち》などもいます。近年の人では、内村鑑三《うちむらかんぞう》や出口王仁三郎《でぐちおにさぶろう》なども如来です。

如来は、いわゆる根本的な思想を遺《のこ》せる人であり、一つの宗教の幹《みき》ともなれる人であると言えましょう。独自《どくじ》の思想でもって十分に文明・文化をつくっていける人たち、そういうオリジナリティーを持っている人たちのことを如来といいます。

釈尊《しゃくそん》、イエス、孔子《こうし》などの救世主たち――九次元の宇宙界《うちゅうかい》

八次元の如来界の上にあるのが九次元の宇宙界《うちゅうかい》です。この世界は救世主

の世界です。

九次元には、大指導霊として、釈尊《しゃくそん》、イエス、孔子《こうし》、マヌ、マイトレーヤー、クート・フーミー（ニュートン）、ゾロアスター、ゼウス、モーセ、エンリルという方々がいます。釈尊はエル・カンターレという巨大《きょだい》な生命体の一部です。九次元霊たちのなかで最も中心的な存在《そんざい》であり、地球系霊《ちきゅうけいれい》団《だん》に関して最高の責任《せきにん》を持っている霊はエル・カンターレです。

これについては、私の著書である『黄金の法』や『永遠《えいえん》の法』（共に幸福の科学出版刊）を参考にしていただければ幸いです。こういう大指導霊たちも、数千年に一回、地上に下りてきて教えを説くことがあります。

3 私も天使になれるのですか？

天使になる可能性《かのうせい》は、すべての人にある

光の天使とは、仏教的《ぶっきょうてき》には如来《にょらい》や菩薩《ぼさつ》のことですが、彼《かれ》らを一言で言うならば、「ユートピア創《づく》りにおいて、卓抜《たくばつ》な指導力《しどうりょく》を発揮《はっき》しえた人」ということです。過去《かこ》の幾転生《いくてんしょう》のなかで、実績《じっせき》をつくって認《みと》められてきた人たちが、如来や菩薩となっているわけです。

したがって、今後、みなさんのなかからも如来や菩薩が出る可能性《かのうせい》はあるのです。

天使になるためには

では、どのようにすればよいかというと、ユートピア創りのための指導者として実績をつくることです。

ただ、これには厳《きび》しいところがあって、いったん、そうした指導役になったとしても、転生の過程で指導力が低下すると、光の天使の座《ざ》から消えていく場合もあります。逆《ぎゃく》に、転生の過程で指導力が上がり、ますます光を増していく場合もあります。

これが、「魂《たましい》の世界は、『努力すれば光の量が増し、怠《なま》ければ光の量が減《げん》少《しょう》する』という、明確《めいかく》な法則《ほうそく》の下《もと》に運営《うんえい》されている」ということなのです。

「進歩する機会は平等に与《あた》えられ、努力の結果に対しては公平に処遇《しょぐう》される」

これが原則です。

チャンスは必ず平等にあります。どのようなスタートラインからでも出発できるようになっているのです。そして、結果に対しては公平に処遇されます。

こうした明確《めいかく》な法則があるのは、ある意味では非常《ひじょう》にありがたいことです。だからこそ、何億年もの間、人間は魂修行《しゅぎょう》をしていられるのであり、また、やりがいもあるわけです。

霊界《れいかい》のマザー・テレサとの会話

一九九七年の秋に、「インドの聖女《せいじょ》」と言われたマザー・テレサがインドのカルカッタ（現コルカタ）で亡《な》くなりました。

彼女《かのじょ》の死後、私は彼女とコンタクトを取ることにしました。

ただ、生前に面識《めんしき》がなかった人に対して、亡くなってすぐ直接《ちょくせつ》にコンタクトを取ると、問題が生じることも多いので、通常《つうじょう》は仲介人《ちゅうかいにん》を立てます。私がよく知っている霊人《れいじん》に、「この人とコンタクトを取っても大丈夫《だいじょうぶ》だろうか」と言って、仲介を頼《たの》むのです。

そこで、私は、クリスチャンにとっては信じがたいことかもしれませんが、私の長年の友人であるイエス・キリストに、「マザー・テ

レサと話をしたいのだが」と仲介をお願いしました。そして、彼女と少しだけ話をしたのです。

話をするといっても、相手が光の天使（高級霊《こうきゅうれい》）であれば、言語の壁《かべ》を超《こ》えて意思の疎通《そつう》を図《はか》ることが可能《かのう》です。

しかし、亡くなったばかりの人が相手の場合は、それが少し難《むずか》しいこともあります。そのため、マザー・テレサとは、やや英語的な意識での会話となりました。彼女の英語は非常《ひじょう》にオリジナリティー（独自性《どくじせい》）があって、ぶつ切れでポンポンと来るような感じでした。

私が彼女に「今、どんな心境《しんきょう》か」と訊《き》くと、彼女は「私の仕事はスラム街にしかありません。死んで霊界に還《かえ》ってきたことは分かっていますが、私はスラム街での救済《きゅうさい》活動に戻《もど》りたいのです」と言いました。

彼女は宗教《しゅうきょう》に生きた人であり、また、八十七歳《さい》まで生きたので、

この世にそれほど思いが残っていたわけではないのですが、スラム街での仕事には、まだ、多少、執着《しゅうちゃく》していたのです。

私がマザー・テレサに話したことは、要するに次のようなことです。

「貧《まず》しい人々やスラム街にあまり執着するのは、必ずしも神の心に適《かな》うことではない。

天上界《てんじょうかい》は非常に豊かで美しい世界であり、人々は心がとても広く、自由を満喫《まんきつ》している。そのため、たとえよいことであっても、心がその一点にとどまりすぎると、天上界のおおらかな自由さと調和しなくなるのだ。

地上世界でのあなたは、貧しい人々の救済という菩薩行《ぼさつぎょう》を十分に果たしたであろうが、霊界に還った以上は、霊界の作法を学び、天上界とはどういう所なのかを、もう少し勉強しなければいけないのだよ」

こう言って、私は彼女を諭《さと》したのです。

当時、マザー・テレサが還っていた世界は、死んでまもないこともあって、四次元世界の入り口のあたりでした。

彼女は、その世界で、あの世のことを勉強し、脱皮《だっぴ》していかなければなりません。四次元でしばらく学んで五次元に上がり、そこでまた勉強をして六次元に上がり、やがては、彼女の本来の世界である七次元、つまり菩薩界に還らなければいけないのです。

それには、彼女の場合、死後、二、三年はかかるだろうと思います。その間、彼女は霊界のことを勉強しなければならないのです（現在は菩薩界に還っている）。

Part 3

霊的《れいてき》な悪影響《あくえいきょう》は、こうして防《ふせ》ぐ

[Chapter 1]

あの世の諸霊《しょれい》が救われる、ほんとうの供養《くよう》とは

1

自分が不幸続きなのは、先祖《せんぞ》が迷《まよ》っているせいですか？

不幸の原因《げんいん》は、迷《まよ》った先祖霊《せんぞれい》にあるわけではない

「あなたが、現在《げんざい》、不幸なのは、あなたの先祖が救われていないからだ」という論理《ろんり》があります。「あなたの何代前の先祖が救われていないから、今あなたは不幸なのだ」「あなたが不幸なのは、その原因《げんいん》をあなたがつくったからではなく、先祖に原因がある」という言い方をする宗教《しゅうきょう》が数多くあります。

もちろん、これも、頭から「間違《まちが》いである」とは私は言いません。亡《な》くなった両親あるいは祖父母《そふぼ》、それより先の人が迷《まよ》っていて、生きている人

1 先祖供養の出発点

にすがってきていることは、現実にあります。そうした霊障《れいしょう》による不幸も、ないわけではありません。

しかし、根本的には、地上に生きている人間の心にこそ責任《せきにん》があるのであり、それによって本人の幸・不幸は現れてくるのです。たとえ迷ってい

る先祖霊《せんぞれい》がいたとしても、本人が地獄《じごく》に堕《お》ちる理由は本人の生き方にあるのであり、迷った先祖霊にあるわけではないのです。

本人が地獄的な生き方をしているからこそ、※波長同通《はちょうどうつう》の法則《ほうそく》で、迷った先祖霊が取り憑《つ》いているのです。そして、同じく苦しみを分かち合っているというか、同病相苦《どうびょうあいくる》しんでいるわけです。

すなわち、そのようなものが憑いているから自分が不幸なのではなく、自分がそういう不幸な心を持っているからこそ、そのようなものを呼び込《よこ》んでいるのです。

先祖供養《くよう》も非常《ひじょう》に大事なものですが、あくまでも、その出発点は自己責《じこせき》任《にん》の原則《げんそく》であり、死者を救う前に、まず、生者、生きている者を救わないといけません。要するに、自分自身の心を自分で救わないと、救ってくれる人はいないのです。

まず自分が幸福な明るい光を出してこそ、迷っている先祖をも救うことができるのです。

ところが、自分も真っ逆《さか》さまに地獄に堕ちるような人であって、自分の不幸の責任を家族や先代のせいにしていては、決して幸福になれるものではないのです。この辺を間違ってはなりません。このように、「あくまでも自己責任が原則である」ということを知ってください。

間違った宗教は、たいてい、ここをチェックするとよく分かります。ほかのもののせいにし始めるものは、たいてい間違っています。あくまでも

1 先祖供養の出発点

自己責任が原則なのです。

※「心の波長、心の状態が似ていると、お互いに引きつけ合う」という法則。詳しくは『神秘の法』第2章参照。

2

正しい先祖供養《せんぞくよう》とは、どのようなものですか？

先祖供養《せんぞくよう》には「悟《さと》りの力」が必要

先祖を供養するには、その前提《ぜんてい》として、供養する側に修行《しゅぎょう》が必要です。まず、仏法真理《ぶっぽうしんり》を学習すること、真理の書籍《しょせき》を読み、幸福の科学の各種行事に参加して、学習を深めること、そして、仏《ほとけ》の光の感覚を身につけることが大事です。その結果、その光の一部を廻向《えこう》していく（手向《たむ》ける）ことが可能《かのう》になるのです。

自分自身が、光を発する灯台とならずして、闇夜《やみよ》の海を照らすことは不可能です。闇夜のなかで、航路が分からなくて迷《まよ》い、漂《ただよ》っている船がある

2 先祖供養の仕方

とき、「その船を救わなければいけない」と、いくら言っても、灯台から光が出ていなければ、どうしようもないでしょう。

自分も手探《てさぐ》り状態のままで、「何とか救いたい」と一生懸命《いっしょうけんめい》に言っているよりも、まず、光をともすことです。そうでなければ導《みちび》けないのです。

光をともすために、この世の人間にとっては、仏法真理を勉強して、修行をする必要があります。それをせずに、「ただただ救われたい」という一念で、毎日、先祖供養ばかりするのは考えものです。それよりは、まず、修行をして、悟《さと》りを高めなければなりません。

悟りの力によって先祖は供養されるのです。これが原点です。

霊人《れいじん》の救済《きゅうさい》は、基本的《きほんてき》には、あの世の高級霊《こうきゅうれい》に任《まか》せる

先祖供養には危険《きけん》な面もあるため、家庭で煩瑣《はんさ》に先祖供養をすることは、お勧《すす》めできません。

そのため、幸福の科学の総本山《そうほんざん》・正心館《しょうしんかん》等の精舎《しょうじゃ》では、先祖供養大祭や永代《えいたい》供養等を実施《じっし》しています。また、全国の各支部でも、年に二回、供養大祭を行っています。

導師《どうし》がいるほうが安全ですし、他《た》の参加者たちの光にも護《まも》られるので、そういう場所で供養したほうがよいのです。

また、当会の供養大祭の会場には、当然、参加者の守護《しゅご》・指導霊《しどうれい》や当会の支援霊《しえんれい》たちが来ているので、家に取り憑《つ》いて子孫に悪さをしている先祖は、そういう霊に見つけられます。そして、「なんだ、おまえは。何年も

2 先祖供養の仕方

悪さをしているようだな」などと言われ、先生の前に出された生徒のように恐縮《きょうしゅく》するのです。

要するに、子孫の力だけでは救済できない場合でも、当会の行事に参加することによって、間違《まちが》ったことをしている先祖を高級霊が叱《しか》ってくれるのです。あの世のことには、あの世の人が最も精通《せいつう》しているので、基本的には、霊人の間違いは、あの世の高級霊に任《まか》せるのがよく、それが近道なのです。

そのように、当会の行事に参加することは、あの世の高級霊との間に新しい縁《えん》ができるきっかけにもなるので、先祖供養は、できるだけ、当会の供養大祭の会場で行ったほうがよいのです。

もちろん、家庭でも、年に何回か、命日などに家族全員で供養するのは、悪いことではないと思います。しかし、やりすぎないことです。毎日、朝昼晩《ばん》と供養したり、毎晩、寝《ね》る前に供養したりするよりも、きちんと自分が修行をすることです。

当会の根本経典《こんぽんきょうてん》である『※仏説《ぶっせつ》・正心法語《しょうしんほうご》』を読誦《どくじゅ》したり、仏法真理の書籍を読んだりして、まず、自分自身の悟りを高めることに重点を置き、先祖供養は、できるだけ、導師がいる所で行うほうが、危険が少なく、効果《こうか》も大きいのです。

※三帰誓願者（当会の三帰誓願式において、仏・法・僧の三宝に帰依することを誓った人）にのみ授与される。

3

死んだペットにも供養《くよう》が必要ですか？

動物はすぐ生まれ変わるので、長い期間の供養《くよう》は意味がない

たいていの場合、ペットは、死んだあと、すぐに生まれ変わることが多く、あの世にいる期間は長くて十年です。普通《ふつう》は一年以内に生まれ変わることが多く、あの世には短い間しかいません。

ペットの供養をすること自体はかまわないのですが、あまり長い間、供養をすることには、意味がないのです。

さらに言えば、あまり長く祀《まつ》って供養をすると、ペットの魂《たましい》は、そこにいなければいけないものだと勘違《かんちが》いして、ずっと居《い》ついたりすることがあ

ります。そのため、彼《かれ》らの転生輪廻《てんしょうりんね》の妨《さまた》げになる場合もあるのです。

わが家で飼《か》っていたウサギは、死んでから一カ月ぐらいで生まれ変わっていきました。ウサギの魂は霊界《れいかい》で一つの集団《しゅうだん》となり、そこから生まれ変わってきます。地上の母ウサギのおなかに入って、ポンポンと生まれてくるのです。

そのようなことを考えると、長期間ペットを供養《くよう》することには疑問《ぎもん》があります。

Part 3

霊的《れいてき》な悪影響《あくえいきょう》は、こうして防《ふせ》ぐ

[Chapter 2]

悪霊《あくれい》は、ほんとうにいるのか

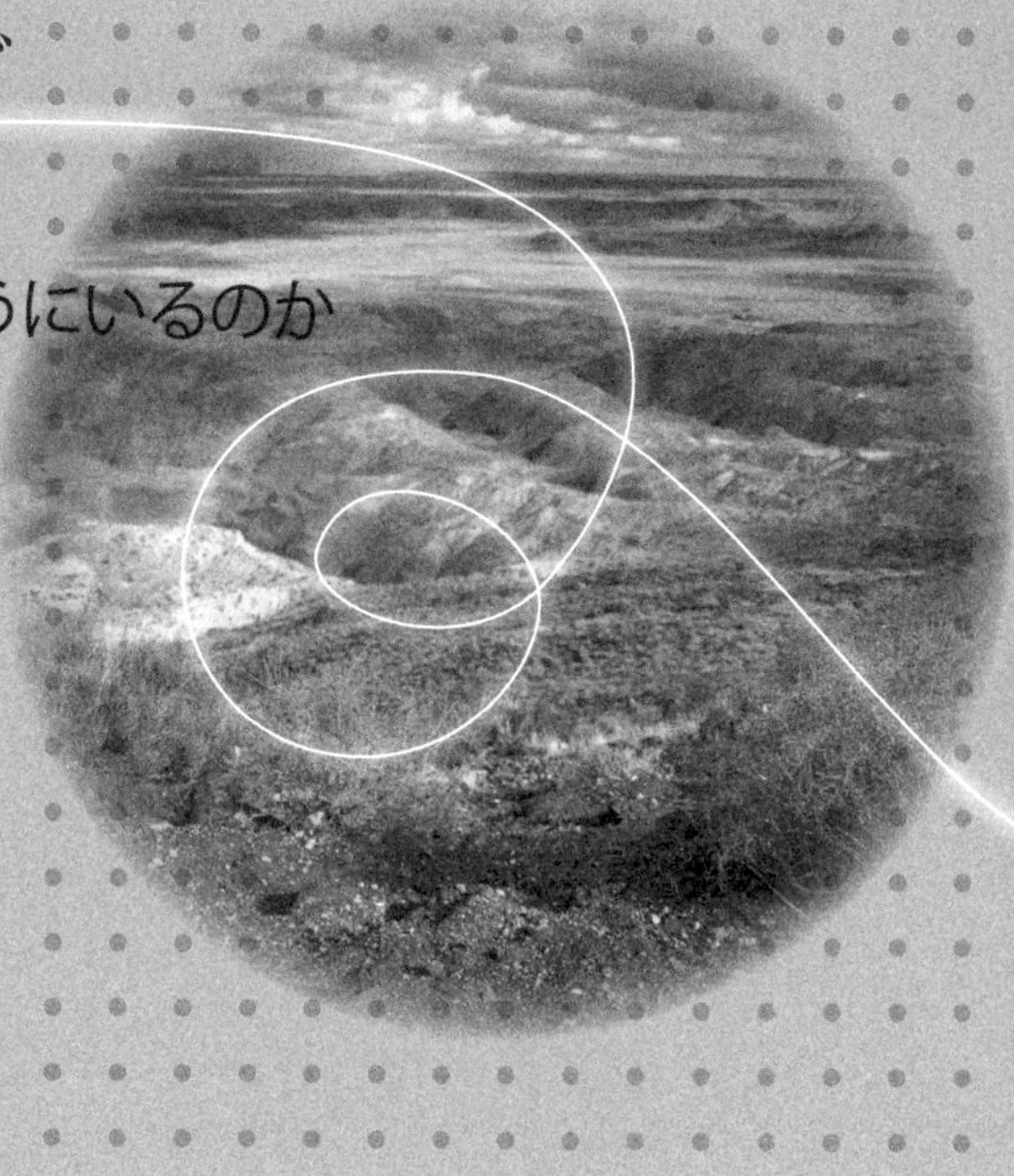

1 悪霊《あくれい》とは何ですか?

悪霊《あくれい》とは心の自由性《じゆうせい》を誤《あやま》って使った人たち

霊的《れいてき》な世界の実在《じつざい》を信じている人たちは、悪霊に対する関心が高いと思います。ただ、悪霊のことを、昔話で読んだり、幽霊話《ゆうれいばなし》や怪奇話《かいきばなし》で聞いたりはしていても、自分の身近な問題として受け止めることは、なかなかできないのが現実ではないでしょうか。

しかし、目に見えない世界で、確《たし》かに悪霊は暗躍《あんやく》しているのです。本書の読者のなかにも、そうした者に操《あやつ》られている人がおそらくいるだろうと思います。

1 悪霊

悪霊とは何かといえば、結局、「人間のエネルギーのなかのマイナス部分、マイナスの想念《そうねん》エネルギーに感応《かんのう》して生きている者たちだ」※と思えばよいのです。

地上でマイナスの想念を数多く持って生きた人は、死後、地獄界《じごくかい》という所へ行き、悪霊となって、そこに棲《す》みついています。すなわち、悪霊という特殊《とくしゅ》な霊が初めからいるのではなく、悪霊になる可能性《かのうせい》は、すべての人間にあるのです。

人間は、心のなかにどのような思いを抱《いだ》くかに関して、自由を与《あた》えられており、その自由を行使して、自分を変えていけるようになっています。思いの自由性《じゆうせい》というものを駆使《くし》して、人間は、天使のようになることもできれば、悪魔《あくま》のようになることもできるわけです。

「悪霊という存在《そんざい》は、残念ながら、心の使い方、用い方を誤《あやま》った人たちだ」と言えるのです。

※具体的には、妬み、怒り、愚痴、足ることを知らない心、不平不満、悲観的な心、怠惰な心、憎しみなど。
詳しくは『太陽の法』178ページ参照。

2

悪魔《あくま》とは何ですか？
悪霊《あくれい》とは違《ちが》うのですか？

悪魔《あくま》は、悪霊《あくれい》より影響力《えいきょうりょく》や指導力《しどうりょく》、悪知恵《わるぢえ》がある

悪霊には、普通《ふつう》の人間でも、心が悪かったり、悪い行いをしたりすれば、なることができます。犯罪行為《はんざいこうい》をした場合だけではなく、犯罪行為をしない場合でも、悪い想念《そうねん》や暗い想念を持って生きれば悪霊になります。

心が悪く腹黒《はらぐろ》いことを考えていたり、いつもいさかいが絶《た》えなかったり、人を騙《だま》したり、怒《おこ》ってばかりいたり、人を傷《きず》つけたり、悪いことを平気でしたり、このように、主として破壊的《はかいてき》な想念や感情《かんじょう》で生き、周りに迷《めい》惑《わく》をかけて苦しめた人たちが、死後、天国に還《かえ》れずに、地獄《じごく》という所で苦

しみつつ暴《あば》れている。これが悪霊の正体なのです。

悪魔《あくま》になると、もう少し、影響力《えいきょうりょく》があったり、指導力《しどうりょく》があったり、悪知恵《わるぢえ》があったりします。

どのような人が、死後、悪魔《あくま》になるのか

悪魔の供給源《きょうきゅうげん》は、やはり、指導的立場にある人たちです。

例えば、間違《まちが》った政治家《せいじか》や独裁者《どくさいしゃ》などは非常《ひじょう》に悪魔になりやすいのです。ポル・ポトという、カンボジアの国民を二百万人も殺して骸骨《がいこつ》にしてしまった人は、完全に悪魔でしょう。ヒトラーやスターリンもそうですが、政治家の立場で人殺しを中心に行った人は悪魔になっています。

残忍《ざんにん》な行為、残虐《ざんぎゃく》な行為が心の底から好きだったり、自分の権力《けんりょく》を実現《じつげん》して人を恐怖《きょうふ》で支配《しはい》することが目的で、大勢《おおぜい》の人を殺したりした人は、悪

2 悪魔

魔になりやすいのです。

それから、政治系《けい》や軍事系ではなく、思想系であっても、多くの人を迷《まよ》わせた人、人々を思想的に洗脳《せんのう》して狂《くる》わせた人は、悪魔になります。影響力の大きかった人たちのなかで、結果として大きな悪を遺《のこ》した人たちは、悪魔になりやすいのです。

また、悪魔にも力の大きさがあります。

現代では、マスコミの人やジャーナリストのなかにも、大きな影響力を持っている人がいますが、彼《かれ》らのなかで、世の中のためや正義《せいぎ》の実現のためではなく、自分のため、欲望《よくぼう》達成のためだけに仕事をしている人たちは、小悪魔になります。手下が五、六人程度《ていど》しかいない小さな魔王《まおう》でしょうが、そのようになる人が多いのです。

思想家や書き手として思想を発表している人のなかにも、そういう人がいます。

小説家などでも、悪い小説を書いて大勢の人を洗脳している人、人を迷わす小説をたくさん書く人で、そちらの方面の代表格《だいひょうかく》になる人もいるでしょう。

この世では地獄文学はそうとう流行《はや》っているので、有名な作家でも悪魔になる人はいます。人間を駄目《だめ》にし、堕落《だらく》させていく方向に大きな影響力を発揮《はっき》した人は、やはり、悪魔になる素質《そしつ》を持っています。

それから、官僚《かんりょう》のなかで、権力欲のために生き、慈悲《じひ》の心がなかった人も、悪魔になります。

宗教家《しゅうきょうか》も大勢の人に影響を与えるので、邪教《じゃきょう》の指導者は、悪魔になったりして、めったに成仏《じょうぶつ》することはありません。間違った教えを説くだけではなく、大勢の人を狂わせています。しかも、この世で狂わせるばかりで

2 悪魔

なく、あの世の地獄にまで引きずり込《こ》み、あの世でも信者と共に根城《ねじろ》をつくっています。これも、悪魔、悪鬼《あっき》そのものです。

人の心を狂わせることは大変な罪《つみ》なのです。

3

〝憑依《ひょうい》〟とは何ですか？

心の曇《くも》りに引き寄《よ》せられて悪霊《あくれい》が取り憑《つ》く

人間は主として表面意識《いしき》を頼《たよ》りに生きていくわけですが、この途中《とちゅう》に、さまざまな「心の曇《くも》り」というものをつくっていきます。その曇りの多くは、要するに、仏《ほとけ》の心に反した思い、あるいは、仏の思いに反した行為《こうい》に基《もと》づいて発生した、不調和の現象《げんしょう》が呼《よ》び起こすものです。

仏の思い、仏の願いに反した思いを出したり、そういう行動をとったりしていると、次第しだいに心の周りに〝スモッグ〟が出てきます。すなわち、心のなかに陰《かげ》りが出てくるわけです。

3 憑依

そして、本来、百パーセントの自分の心のうち、表面意識のあたりだけが、ごみや埃《ほこり》をかぶり始め、そして、潜在意識層《せんざいいしきそう》との連絡《れんらく》も、次第しだいに途絶《とだ》えがちになってきます。

心が純粋《じゅんすい》であれば、魂《たましい》の生地《きじ》が浮《う》き出してきて、その人のさまざまな傾向《けいこう》、本来の仏性《※ぶっしょう》というものが出てくるのですが、そうではなく、この表面意識のあたりに曇りができてくることがあるわけです。

専門的《せんもんてき》には、この部分を、表面意識とは言わず、「想念帯《そうねんたい》」と呼《よ》んでいます。

表面意識と潜在意識との中間部分にある想念帯に曇りができてくると、だんだんに表面意識と潜在意識とが分離《ぶんり》され、仏の光が心に射《さ》さなくなってきます。

すると、その暗い心の陰に、次第しだいに近づいてくるものがあります。これが、悪霊といわれるものなのです。

悪霊たちは、地獄《じごく》の苦しみから逃《のが》れたくて、何とか地上の人に憑依《ひょうい》しようとしてきます。こうして、地上の人は、この悪霊の支配《しはい》を受けるようになってきます。

しかし、これも、悪霊そのものが悪いというよりも、その原因《げんいん》行為は、やはり地上の人自身がつくっていると言ってよいでしょう。

太陽の光が射さなくなるのは太陽のせいではありません。同じように、仏の光が心に射さなくなったのは仏のせいではないのです。

それは、その光を妨《さまた》げるような想念の曇りを自分自身がつくったからです。それによって陰ができ、闇《やみ》ができ、その暗い部分に、「同類相集《どうるいあいあつ》まる」の法則《ほうそく》に基づいて、悪霊が寄ってきているのです。

心の構造《こうぞう》と憑依《ひょうい》の仕組み

想念帯《そうねんたい》

表面意識《いしき》と潜在《せんざい》意識との中間部分にあり、一生の間に思ったこと、行《おこな》ったことが全部、記録されている。

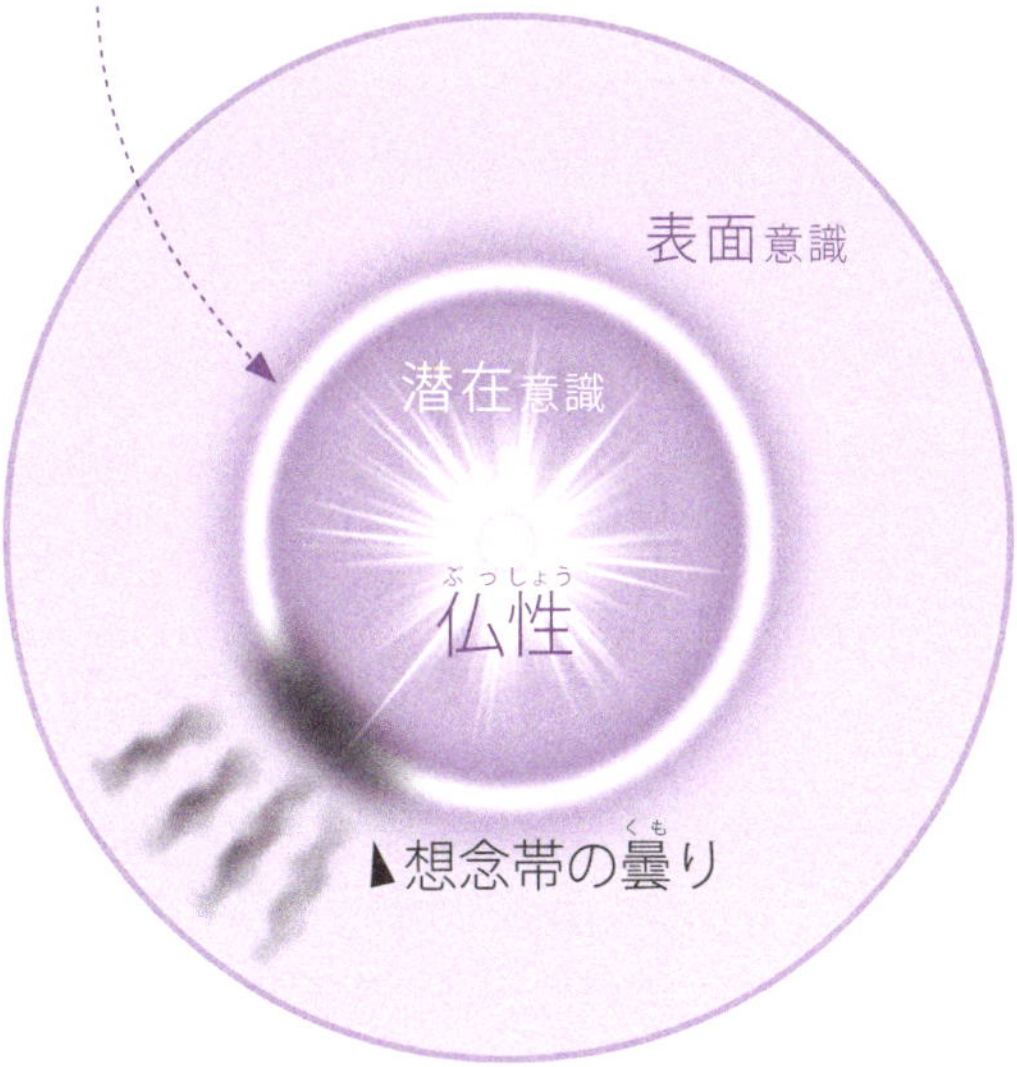

悪霊《あくれい》の影響《えいきょう》（憑依）

仏の心に反した思いを出したり、行動をとったりすると、想念帯に曇りができてくる。すると、その部分に悪霊が憑依してくる。

心の曇りは、反省することで取り除《のぞ》くことができる。

悪霊《あくれい》は、心の曇《くも》りを晴らすことで去っていく

世間の人々は、よく、お祓《はら》いを受けて悪霊《あくれい》を落としたり、悪霊に憑《つ》かれないように、魔《ま》よけの札《ふだ》を貼《は》ったり、お守りを持ったりします。しかし、悪霊たちがいちばん怖《こわ》いのは、仏の心を心として生きている人なのです。

お祓いを行う人に霊的な力がある場合、そういう超能力《ちょうのうりょく》、心霊《しんれい》能力がある場合には、お祓いをすると、確《たし》かに、その光の影響《えいきょう》で悪霊たちが一時期その人から離れることもありますが、神社の境内《けいだい》を抜《ぬ》けたとき、あるいは、お寺を出たときに、その影響はすぐになくなって、元の曇《くも》りのところにまた悪霊が呼び寄せられることになります。

そのため、取っても取っても憑いてくるわけです。ちょうど、蝿《はえ》を追っているのと同じです。蝿は、追っても追っても、また戻《もど》ってきます。それ

は、そこに臭《くさ》いものがあるからです。そのようになっているのです。

要するに、私は、ここで、「悪霊を呼び込《こ》んでいるものは、ほかならぬ、自分自身の心である。心の曇りが、その原因である。したがって、『心の曇りを晴らすことによって悪霊は去っていく』という真実があるのだ」と言いたいのです。

※愛や慈悲、向上心など、仏と同じ性質のこと。人間は仏の子であり、すべての人に仏性が宿っている。

3 憑依

4

悪霊《あくれい》・悪魔《あくま》に打ち勝つには、どうすればよいのですか？

悪魔《あくま》とは交渉《こうしょう》せず、ふっ飛ばすこと

悪魔は、千年も二千年も三千年も、あの世（地獄《じごく》）にいるので、説得されて天国へ上がることは、ほとんどありません。

悪魔が憑《つ》いていて、変なことを語る人もいるでしょうが、その人に憑いている悪魔を説得しようとしても無駄《むだ》であり、悪魔は、うまくごまかして相手を引っかけようとします。泣いて慈悲《じひ》を乞《こ》うたり、「助けてください」「心を入れ替《か》えました」「弟子《でし》にしてください」などと言い出したりしますが、それは嘘《うそ》なので聴《き》いてはいけません。悪魔は、涙《なみだ》を流すぐらいのこと

は平気でするのです。

悪魔とは交渉《こうしょう》をしてはいけません。ただただ、ふっ飛ばすことです。「これ以上の悪は許《ゆる》すまじ。悪を広げてはならない」という強い念で、ばっさりと切ることです。

死んでまもない迷《まよ》っている霊《れい》の場合は、説得して天国に上げることができますが、そういうかたちでは悪魔は上がりません。それだけの悪を行ってきているからです。そのため、悪魔に対しては、それ以上の悪を犯《おか》させないことが大事なのです。

4 悪魔に打ち勝つ

光の勢力《せいりょく》を大きくし、組織《そしき》で戦えば、悪魔《あくま》に勝てる

悪魔《あくま》自体をすぐになくすことはできないので、私は、「光の領域《りょういき》を増《ふ》やし、悪魔を包囲していく」という方針《ほうしん》を採《と》っています。「あちこちに光の

牙城《がじょう》、拠点《きょてん》をつくり、悪魔を包囲して、しだいに彼《かれ》らのすみかを狭《せば》めていく」というかたちをとっているのです。

これは長い戦いですが、悪魔も数が多いので、教団《きょうだん》自体の勢力《せいりょく》が大きくなっていかないかぎり、単に戦うだけでは勝てません。

ただ、悪魔というだけあって、彼らは協力し合うことがないのです。これが、いちばんありがたいことです。悪魔たちが協力し合い、一体となって大勢で出てこられたら大変ですが、彼らの戦いは個人戦《こじんせん》なのです。「これは、ほんとうにありがたいことだ」と感謝しています。

地獄の悪魔が総結集《そうけっしゅう》すると、何百人いるか、何千人いるか、分からないぐらいの数になるので、一緒《いっしょ》になって攻《せ》めてこられたら大変です。しかし、彼らは、仲間同士でけんかになるので、一緒に行動することはできないのです。

4 悪魔に打ち勝つ

そのため、必ず個人で来ます。悪魔は、互《たが》いに協力し合い、手を携《たずさ》えて行動することはなく、みな勝手に個人で動いているのです。

悪魔と戦うには、光の勢力が共同戦線を張《は》り、手をつないで共同で戦うことが大事です。悪魔も、共同戦線を張れるようになったら、仲間意識《いしき》ができ、もしかすると愛の心が芽生えたりするかもしれません。

個人的な関心や、そのときの状況《じょうきょう》によって、それに合った悪魔が出てくるのですが、悪魔は、攻撃がばらばらで、組織立っていません。だからこそ、こちらが組織《そしき》で戦えば勝てるのです。

ただ、悪魔祓《ばら》いは、幸福の科学の支部《しぶ》や精舎《しょうじゃ》等、霊的磁場《れいてきじば》のできている場所で、修行《しゅぎょう》を積んだプロの導師《どうし》が行うのが、いちばん効果《こうか》があります。

当会の信者であっても、相手が強く、こちらの霊力《れいりょく》が足りないと、負けてしまうこともあるので、個人で行うよりは、できれば、霊的磁場のある当会の霊場《れいじょう》で、専門家《せんもんか》に行《おこな》ってもらったほうがよいのです。

Mini Column 4

悪魔祓《あくまばら》いの秘法《ひほう》

幸福の科学には、悪魔祓いの秘法の一つとして、「エル・カンターレ ファイト」という修法《しゅうほう》が下賜《かし》されています。

この「エル・カンターレ ファイト」は、行《おこな》っている人に、信《しん》仰心《こうしん》があり、「エル・カンターレの光で行っている」という気持ちがあれば、本尊《ほんぞん》、すなわちエル・カンターレ本体のほうから霊力《れいりょく》が出ています。

「エル・カンターレの光で行っている」と思うと、悪魔《あくま》の側からすれば、敵《てき》はエル・カンターレになります。このように、天上《てんじょう》界《かい》と一体になった、組織《そしき》での戦いがあります。

Column
霊的世界のふしぎ3

すべての存在《そんざい》をつなぐ、心の奥《おく》のネットワーク

鎌倉《かまくら》時代の僧侶《そうりょ》に、名僧《めいそう》と言われた、華厳宗《けごんしゅう》の明恵《みょうえ》（一一七三―一二三二）という人がいますが、この人は霊能者《れいのうしゃ》だったようです。

彼《かれ》に関する文献《ぶんけん》を読むと、次のようなことが書いてあります。

あるとき、夜も更《ふ》けて、眠《ねむ》っているような姿勢《しせい》で炉端《ろばた》に坐《すわ》っていた明恵が、弟子《でし》に、「ああ、かわいそうに。もう喰《く》いついたかもしれぬ。今、大湯屋《おおゆや》の軒《のき》の巣のスズメがヘビにのまれそうになっているから、灯をつけて急いで行き、追い払《はら》え」と言うので、弟子が「ほんとうかな」と思って裏《うら》に行ってみると、まさしくヘビがスズメをのみ込《こ》もうと狙《ねら》っているところであったというのです。

明恵は暗闇《くらやみ》で遠方のことまでが見えたわけです。

これは、霊能体質《たいしつ》であれば、そのとおりなのです。ほんとうによく分かるのです。そういうたぐいのことは、たくさんあります。

ただ、霊能体質であっても、この世的に、あまりガサガサした状《じょう》態《たい》だと分からないのですが、瞑想《めいそう》状態に入ると、そういうことが非《ひ》常《じょう》によく分かるのです。

深い瞑想に入ることによって、さまざまな世界とつながっていき、いろいろなものが見えてきます。動物の心の動きも分かるし、植物の考えや気持ちまで分かってきます。深い深い定《じょう》に入っていくと、そこまで通じてくるのです。

そして、何十キロも何百キロも離《はな》れた所にいる人の考えていることや思っていることが、何らかの縁《えん》があれば、その縁を通じて、すっと入ってきて、分かってきます。「この人は、今、こういうことを考えているのだな」ということが分かってくるのです。

私の場合は、例えば、ある国の大統領《だいとうりょう》が、今、何を考えているかを知ろうと思えば、天意《てんい》の許《ゆる》す範囲《はんい》で知ることができます。コンピュータにアクセスして情報《じょうほう》を取るように、その人の考えていることが見事に分かるのです。あまり関心を持ちすぎると、大変な情報が入ってきて困《こま》るほどです。

このように、自分の内のほうへ深く入っていくと、実は、そのなかに、無限《むげん》の宇宙《うちゅう》へと伸《の》びている道があるのです。無限の宇宙から

Column
霊的世界のふしぎ3

各人のなかへとつながっているものがあるのです。

それは、結局、「人間以外のものも含《ふく》めて、この地上に存在が許されているすべてのものには、被造物《ひぞうぶつ》、すなわち創《つく》られたものとしての痕跡《こんせき》がある」ということです。人間であれ、動物であれ、植物であれ、みな、創られたものとしての痕跡があるのです。

創られたものとしての痕跡とは、「その生き物をあらしめようとする力が宿っている」ということです。

そのあらしめようとする力は、「仏性《ぶっしょう》」という言葉で呼《よ》んでもよいのですが、表れ方においては、心の法則《ほうそく》として表れています。「すべての存在が、心の法則を持ち、その心の法則に則《のっと》って生きている」ということが、創られたものとしての痕跡なのです。

4 Part

「仏《ほとけ》」や「神」を正しく理解《りかい》しよう

[Chapter 1]

仏《ほとけ》や神の、大いなる愛を知ろう

1

神は、ほんとうにいるのですか？ その証拠《しょうこ》はありますか？

「第一原因《げんいん》」としての神

神に関しては、昔から、さまざまな研究、探究《たんきゅう》がなされてきました。

例えば、神を「第一原因《げんいん》」として論《ろん》ずる人もいました。

つまり、物事には原因がある。「自分が、今、生きている」ということは、「自分に両親があった」ということである。そういう原因があって自分がある。そして、その両親も、元を探《さぐ》れば、その両親がいた。その両親にもまた両親がいた。

こうして探っていくと、必ず前者というものがいる。結果に対しては原

1 神の存在

因がある。そうであるならば、どんどん、どんどんと探っていけば、どこかに第一原因というものがあるはずである。

この第一原因こそが神であるということを証明《しょうめい》した哲学者《てつがくしゃ》、あるいは神学者もいました。

この世の中のすべてのものには創《つく》られたものとしての痕跡《こんせき》がある

「結果に対しては原因がある」ということを考えれば、やはり、「この世界を創《つく》ったものがある」と考えることは、常識的《じょうしきてき》に考えても筋《すじ》が通っています。

この世界を偶然《ぐうぜん》にできたものと考えることは、最近の流行ではありますが、これは、ある意味で、長い目、あるいは広い目で見るならば、異常《いじょう》な思考と言わざるをえません。偶然に人間ができるでしょうか。人間がアメーバから偶然に進化してくるでしょうか。

人間というものは、言ってみれば、超高層建築《ちょうこうそうけんちく》のようなものです。四十階建て、五十階建ての高層建築のような、目的性《もくてきせい》を持った仕組みを持っているのです。

ところが、現在《げんざい》の進化論《しんかろん》の主流は、「偶然の連鎖《れんさ》によって、現時点の肉体と精神《せいしん》を持った人間ができている」と主張《しゅちょう》しています。

これは、「砂《すな》や砂利《じゃり》、あるいはブロックや鉄筋《てっきん》など、こういうものが転がっていて、偶然に風が吹《ふ》き、偶然に雨が降《ふ》って、コンクリートがこね上げられ、いつの間にか鉄筋が組み上がって、つまり、偶然に地震《じしん》か何かで鉄筋が組み上がって、超高層ビルができた」と言っているのと同じなのです。

1 神の存在

人間の仕組みの複雑《ふくざつ》さを知れば知るほど、それが、そういう材料の寄《よ》せ集めで偶然にできたものではないことは明らかです。それは目的性を持っているのです。

この世のものはすべて、創られたるものとしての痕跡《こんせき》があるのです。それは、生きているものもそうですし、鉱物《こうぶつ》もそうです。あるいは、いろいろな建造物《けんぞうぶつ》にしても、原因者としての創った者がいます。それならば、「第一原因者としての神」というものを考えるのは当然ではないでしょうか。

2

神がいるのなら、なぜ世の中に悪があるのですか？

「神の絶対性《ぜったいせい》」と「悪の存在《そんざい》」は、ほんとうに矛盾《むじゅん》するか？

善《ぜん》と悪については、古来、宗教家《しゅうきょうか》や哲学者《てつがくしゃ》が、いろいろと議論《ぎろん》をしてきました。

「神が善一元の存在《そんざい》であるならば、悪があることはおかしいし、悪霊《あくれい》、悪魔《あくま》が存在することもおかしい。そういうものが存在するということは、神の属性《ぞくせい》のなかに、そういうものがあるということだろうか。

また、神の属性のなかに、そういう性格《せいかく》がないとすれば、この宇宙《うちゅう》を神がすべて支配《しはい》しているとは言えない。神の支配の及《およ》ばない世界があること

2 悪の存在

になる。そこには、ほかなる存在があることになる。そうすると、神は唯《ゆい》一《いっ》の絶対者《ぜったいしゃ》ではありえなくなる」

こういう矛盾《むじゅん》したテーマがあり、善悪については、古くから、なかなか結論が出なかった面があります。

インドネシアのバリ島では、バロンダンスという民族的な演劇が行われています。

それには、民族神である善神《ぜんしん》のバロンと、悪魔の化身《けしん》である悪神《あくしん》のランダが出てきます。そして、「善なる神、真なる神であるバロンの力と、悪なる神、すなわち悪魔であるランダの力とは対等で、決して決着がつかない。善なる神と悪なる神が永遠《えいえん》に戦い続ける」という思想が描《えが》かれています。

この考え方は、遙《はる》かなる昔に中東で説かれたゾロアスター教においても、「善と悪との戦い」、すなわち、「光の天使、指導霊《しどうれい》であるオーラ・マズダと、悪神との戦い」として描かれているテーマなのです。

それでは、ほんとうに、そういう善神と悪神とがあり、その力は互角《ごかく》で決着がつかないのでしょうか。

悪は、時間の流れのなかで、「許《ゆる》し」があることにより、善《ぜん》なるものへと導かれる

確《たし》かに、人類の歴史を見ると、常《つね》に、善《ぜん》なるものと悪なるものがあって、闘争《とうそう》し続け、決着がつかずにいるようにも見えます。

ただ、真実の仏《ほとけ》の世界からの結論を語るならば、やはり、「善悪の二元を超越《ちょうえつ》した、一元的なる、大いなる善があり、地上の人間の目に善悪と見えるものは、自由そのものに付随《ふずい》する属性が、違《ちが》ったように見えているだ

2 悪の存在

けである」と考えてよいでしょう。

自由は、その出発点において制限《せいげん》がないことをもって自由とされます。制限がないことによって、衝突《しょうとつ》が起きることもあれば、繁栄《はんえい》がもたらされることもあります。

すなわち、自由は、繁栄の側面を取ると善に見え、衝突、あるいは相克《そうこく》の面を取ると悪に見えることになります。

この悪の面は、普通《ふつう》、反省や改心、懺悔《ざんげ》などの過程《かてい》を経《へ》て、許《ゆる》しを得、善なるものに転化することが、当然のこととされています。

こういう真理が前提《ぜんてい》とされているということは、一定の時間を超《こ》えたときに善一元の思想になりうるということです。

「人生の数十年を見たときに、善悪は明らかに分かれるとしても、長い長い時間の流れにおいては、悪なるものは、すべて、善なるものへと教導《きょうどう》され、導《みちび》かれているのだ」という考え方は一つの一元論です。

「人間にとっては無限に近い時間も、仏の目から見れば、ほんの一瞬《いっしゅん》である」という思想をもってするならば、「善しかない世界が展開《てんかい》されているのだ」と言えます。

悪の存在、悪の行為《こうい》について、「許《ゆる》しがたい。この世に仏はおられないのか。仏や菩薩《ぼさつ》の力と悪魔の力は互角なのか」などと、さまざまな疑問《ぎもん》を持っている人もいるでしょう。

しかし、そういう人に対して、私は、「そう見えることもあるかもしれないが、時間の流れのなかで、『許し』という宗教的行為があることを知りなさい。許しがあることによって、すべては、善なるものへと転化していく過程として捉《とら》えられるのだ」と言っておきたいのです。

3

神がいるのなら、なぜ地獄《じごく》を消してしまわないのですか？

地獄《じごく》は、ある意味で病院である

地獄というものは、ある意味では罰《ばつ》なのですが、別の意味においては病院なのです。地獄霊《れい》は、まさしく病人と同じです。

「地獄をなくせばよい」という考えは、例えば、「病人をなくせばよい」という考えと同じなのです。これは、「爆弾《ばくだん》を落として病院を粉砕《ふんさい》すれば、病人がいなくなるかどうか」ということです。あるいは、「病人は特別な生き物だから、地上に置いていてはいけないと考えるかどうか」ということです。

病人というものは、もともとはいないのです。もともとは健康な人間しかいないのですが、不養生《ふようじょう》をするなど、何か原因《げんいん》があって病気になっているのです。しかし、「病人であっても、やがて治れば健康人に戻《もど》る。本来の実相《じっそう》は健康人である」と仏《ほとけ》は考えているわけです。

あなただって病気をするかもしれません。そのときに、すぐ抹殺《まっさつ》されたら困《こま》るでしょう。本来は健康なのに、病人になったからといって、「おまえは病院行きになった。病院に入った人は、もう役に立たないから、殺してしまう」と言われたら、困るでしょう。

したがって、「地獄は、ある意味では罰でもあるが、病院でもある」という寛容《かんよう》の目で見てあげる必要があります。

あなただって地獄へ行く可能性《かのうせい》はあるのです。地獄へ行ったとき、魂《たましい》を消されたいかどうかを、よく考えてみると、たとえ五百年かかっても、反省して生き延《の》びたいでしょう。

地獄霊は病人と同じだと考えてみてください。

本来の姿《すがた》ではないけれども、運動不足や過食《かしょく》、仕事のしすぎなどで病気になることはあります。そのときに、その人を消してしまってよいと言えるかどうか、その人は存在《そんざい》が許《ゆる》されないかどうか、それを考えれば、「仏は、そうとう長い間、待っている、慈悲《じひ》深い方だ」ということが分かるのです。

3 地獄の意味

Part 4

「仏《ほとけ》」や「神」を正しく理解《りかい》しよう

[Chapter 2]

信仰《しんこう》は素《す》晴《ば》らしい

1 一神教と多神教は、どちらが正しいのですか?

一神教といっても、「他の神がいない」という意味ではない「神が一つであるかどうか。一人であるかどうか。唯一《ゆいいつ》の神であるかどうか」という問題ですね。

神が唯一であるならば、「自分のところに降《お》りた神が本物であれば、ほかのところに降りる神は本物ではない」ということになります。

例えば、古代のユダヤ人のところに降りた神が本物であるならば、アラブのほうに降りた神は本物のはずがない。あるいは、イランのほうに出た神が本物のはずがない。日本や中国やエジプトに降りた神が本物のはずは

1 一神教と多神教

ない。「神は一つであり、自分たちの民族だけのものだから」と考えると、他《た》のものは全部、間違《まちが》いということになります。

これは、歴史上、人類の大きな憎《にく》しみと闘争《とうそう》を生んだ考え方です。

一つの宗教《しゅうきょう》が起きるときに、そのなかで中心的な指導霊《しどうれい》となる、神格《しんかく》を持った魂《たましい》が一人であることは、確《たし》かによくあることです。特定の人が中心的に指導していることがあります。そのため、「私の教えに基《もと》づいて行動しなさい」と言うことはあります。

しかし、それは、「その人以外に他の神がいない」ということを意味してはいません。ほかにもいるのです。

人類がこれだけの人口を持っているところを見ても分かるように、多くの神がいなければ、大勢《おおぜい》の人たちを幸福にすることはできません。数多くの方々がいて、役割分担《やくわりぶんたん》をしているのです。そして、それを取りまとめている人たちもいます。

　そのようになっており、その時代において、その地域《ちいき》において、「誰《だれ》が担当して、その宗教を起こすか」ということが決まる場合がありますが、それは、同時に、「他の地域、他の国、他の民族に出た神が偽物《にせもの》であった」ということではないのです。


『旧約聖書《きゅうやくせいしょ》』には、ヤハウェ以外に、エロヒム（エル・カンターレ）という神が出てくる

　例えば、一神教で有名なのは、もちろん、ユダヤ教でしょう。ヤハウェの神の一神教です。このヤハウェは妬《ねた》む神であって、「自分以外の神を崇《すう》拝《はい》することは許《ゆる》さない」と言っています。

　しかし、このユダヤの神がほんとうの一神か、神は一つなのかという

1 一神教と多神教

と、『旧約聖書《きゅうやくせいしょ》』を読んでみると、そうではないことがはっきりしています。旧約に出てくる神には、ヤハウェと、もう一つ、エロヒムという神がいます。これはヤハウェとは違った神なのです。ヤハウェというのは、エンリルと呼《よ》ばれている神です。一方、エロヒムとして旧約に出てくるのはエル・カンターレなのです。この両者が指導しているのです。

したがって、『旧約聖書』に載《の》っているだけでも、早くも二人の神が出てきていて、一神ではないのです。

そのときに熱心に指導した神が、邪教《じゃきょう》を信じている人などに対して、「自分のみを神とせよ」と言ったことはあるかもしれません。しかし、それは、「自分以外の神の存在《そんざい》を許さない」という意味ではなかったわけです。

もし、ほんとうに間違った宗教を信じている人がいたら、「その邪神《じゃしん》を崇《あが》めるのはやめなさい。われのみを信ぜよ」と言うことは、方便としては、もちろん、正しいことではあります。しかし、その教えが「他の宗教は全部間違いである」「他の神がすべて間違いである」というなら、これは大変な混乱《こんらん》を生みます。

マホメットを指導《しどう》していた霊人《れいじん》は複数《ふくすう》いた

同じく一神教としては、イスラム教もそうでしょう。『コーラン』は、終始、アッラー神を讃《たた》えた内容《ないよう》で出来上がっていますが、マホメットは、このアッラーの言葉を霊言《れいげん》のかたちで伝えているのです。

そして、面白《おもしろ》いことには、アッラーが自分のことを言うときに、「われは」と言うだけではなく、「われわれは」と複数形《ふくすうけい》で言っているところが、何回も出てくるのです。「われは」と出たり、「われわれは」と出たりして、複数形が何度も何度も出てきます。

1 一神教と多神教

それに対して、アラブの人たちは、よく分からないので、「われわれは」というのもアッラーの自称《じしょう》なのだと考えているのです。

しかし、この「われわれは」というのは、指導霊団《しどうれいだん》がいることを意味しているわけです。アッラーといっても、代表で出ているのがその霊人であり、それ以外にも指導霊がいて、交替《こうたい》でいろいろな指導をしていることを意味しているのです。それが真相です。

したがって、一神教といっても、ほんとうの一神ではないのです。たとえ主たる担当者が一つの霊存在であるとしても、指導霊は、その霊だけではありません。

2

エル・カンターレとは、どういう存在ですか？

エル・カンターレは地球系霊団《ちきゅうけいれいだん》の最高大霊《さいこうたいれい》

この地球系霊団《ちきゅうけいれいだん》には、大いなる使命を帯びた一群《いちぐん》の人たちがおり、その人たちを「高級霊」と称《しょう》します。

そうした高級霊たちのなかでも、地上に生きている人間から見て、遙《はる》かに遠い優《すぐ》れた存在のことを、「人格神《じんかくしん》」という意味での「神」と呼ぶ場合もあります。

これに対して、「仏《ほとけ》」という言葉は、もともとは「目覚めたる者」「悟《さと》りを開きたる者」という意味であり、地上に下生《げしょう》したゴータマ・シッダール

2 エル・カンターレ

タ、釈尊《しゃくそん》のことを指す場合が多いのですが、それが転じて、大宇宙《だいうちゅう》創造《そうぞう》の神と同義《どうぎ》のような、「根本仏《こんぽんぶつ》」という意味にも使われているのです。

仏と神には、このような違《ちが》いがあります。

そして、仏と神とを合一《ごういつ》させた存在であり、地球系霊団のなかで最も権《けん》威《い》を持って人類を指導《しどう》し、人類の草創期《そうそうき》以前から地球に責任《せきにん》を持っている大霊《たいれい》の名を、「エル・カンターレ」と称します。その意識《いしき》の一部が、インドに生まれたゴータマ・シッダールタ、釈尊なのです。

エルとは「光」、カンターレとは「大地」あるいは「地球」を意味する言葉であり、エル・カンターレとは、「光満てる地球」という意味です。

エル・カンターレこそが地球系霊団の最高大霊であり、この大霊が地球系霊団において最高の責任を持ち、人類の運命に関する最後の決断《けつだん》を下しているのです。

もちろん、地球にはエル・カンターレ以外にも大霊は存在しますが、九次元という世界に存在する大霊たちが、今、一致協力《いっちきょうりょく》して、エル・カンターレが創設《そうせつ》し、運動を展開《てんかい》している「幸福の科学」を支援《しえん》しているのです。

その意味で、幸福の科学は人間がつくった団体ではありません。この地球を取り巻《ま》く大霊界の大霊たちの総意《そうい》によってつくられたものです。

そして、その目的は「全人類の救済《きゅうさい》」にあります。エル・カンターレが説く地球的仏法真理《ぶっぽうしんり》によって全人類を救済することこそ、幸福の科学の使命なのです。

エル・カンターレとは

至高神について

霊界《れいかい》に神様のような人は数多くいます。神としての格というものはあります。ただ、その格には差があるわけです。

神々の世界のなかのリーダーの名を「エル・カンターレ」といいます。

幸福の科学は、「エル・カンターレという名の至高神を立てて、今後、数百年、あるいは何千年かかけて、世界宗教として世界をまとめていきたい」という大きな願いを持っています。

『朝の来ない夜はない』（幸福の科学出版刊）より

3

正しい宗教《しゅうきょう》に入信すると、何かメリットはありますか？

死後、あの世での導《みちび》きを得られる

「とりあえず」というかたちであったとしても、何かの宗教《しゅうきょう》、宗派《しゅうは》に縁《えん》があったほうがよいのです。

死後、お父さんやお母さん、親類縁者が迎《むか》えに来てくれることが多いのですが、必ず来てくれるとは限《かぎ》りません。自分も修行中《しゅぎょうちゅう》であるために出てこられない人もいます。そういう場合には、少し救いが遠のいてしまい、苦労することがあるので、やはり、何かの宗教に縁があったほうがよいのです。

3 入信のメリット

自分自身は信仰《しんこう》を持っていなくても、友達や身近な人のなかに信仰を持っている人がいれば、ありがたいことに、それでも縁ができます。

信仰心のある人は、友達が死んだときには、その人の死後のことを心配して、一生懸命《いっしょうけんめい》に弔《とむら》ったり、「成仏《じょうぶつ》するように」と冥福《めいふく》を祈《いの》ったりします。

そうすると、死んだ友達は、その信仰心のある人の守護霊《しゅごれい》や、その人の宗教の指導霊団《しどうれいだん》とつながりができ、「あの人の友達だから、導《みちび》きに行かなければならない」と思われ、手配をしてもらえるのです。それで、あの世での行き場所が決まります。

あの世へ行ったときに、全然、案内人がつかないというのは厳《きび》しいものです。

死後、魂《たましい》は体から離《はな》れ、トンネルを抜《ぬ》けて光の世界に入り、お花畑を通って三途《さんず》の川に出ます。日本では川の場合が多いのですが、湖の場合もありますし、スイスのほうでは、山の峠《とうげ》を越《こ》えることが三途の川を渡る代わりになっていることもあります。

そのように、いろいろな場面が出てくるのですが、そのときに何らかの導きは必要なのです。

そのために、宗教者たちは、この世において真理の伝道をし、この世で伝道し損《そこ》ねた場合には、あの世へ行ってから、また導きの仕事をしています。そのことを知っていただきたいのです。

あの世では、導きの仕事をするために数多くの人がいます。その実態《じったい》を見れば見るほど、「人間は一人ひとりが非常《ひじょう》に大事にされているのだな」と思います。

地上には六十億以上の人がいて（発刊時点）、毎日、誰《だれ》かが事故《じこ》で死んだり病気で死んだりしますが、そのことがきちんと霊界に伝わっていて、

3 入信のメリット

その人の関係者が来てくれます。ありがたいことに、友達や親類縁者も来てくれますし、さらには宗教系統《けいとう》のお手伝いの人たちまで来てくれます。

ある人の死を、あの世の多くの人たちが知っているのです。

これを見ると、「一人ひとりが非常に大事にされている」と感じます。

そのための仕事をする人が数多くいるはずです。

4

信仰《しんこう》は、なぜ大切なのですか？

信仰《しんこう》は、最後にあなたに残るものである

この世には、素晴《すば》らしいものがたくさんありますが、「最後は信仰を取る」という姿勢《しせい》を採《と》らなければいけません。

この世的なものは、この世を去るときに、全部、捨《す》てていくものであり、最後にあなたに残るものは信仰しかないのです。

過去《かこ》、私は何度も、「死んで、あの世に持って還《かえ》れるものは、心しかない」ということを説きました。確《たし》かに心は持って還れますが、その行き場所には天国もあれば地獄《じごく》もあります。天国に行く心も地獄に行く心もある

4 信仰の大切さ

のです。

したがって、「死んだあとは、家、財産《ざいさん》、家族、友人、持ち物、名刺《めいし》など、すべてを失うのであり、あの世に持って還れるものは心しかない」という教えは、さらに踏《ふ》み込《こ》んで言うならば、「あの世に持って還れるものは信仰しかない」ということになります。

信仰を持っていれば、あの世において、あなたがたが行くべき所は、はっきりと固まります。信仰こそが、あなたがたが天国に入る鍵《かぎ》であり、天国の門であり、天国に住むための条件《じょうけん》です。さらには、光の天使になるための条件なのです。

Epilogue エピローグ

人生わずか二万数千日——魂の向上につながる生き方を

幸福の科学が説いている「幸福」とは、どのようなものでしょうか。

世の中の、いわゆる幸福論《ろん》が、この世の話ばかりをするのに対して、幸福の科学の幸福論は、この世的に幸福であるだけではなく、あの世的視点《してん》から見ても幸福である生き方を説いているのです。

そういう幸福を、「この世とあの世を貫《つらぬ》く幸福」と呼《よ》んでいます。

つまり、みなさんに対して、この世で幸福感に満ちた生き方をしていただくことを願うだけではなく、死んで、あの世に還《かえ》ってからも、幸福な生活が続くような生き方を提唱《ていしょう》し、それを実践《じっせん》していただきたいと願っているのです。

もちろん、実際《じっさい》には、この世で不幸な生き方をして、あの世でも不幸な人がいます。この世では幸福そうに見える生き方をしても、死んでからは不幸な人もいます。この世で不幸そうな生き方をしても、死んでから幸福になる人もいます。この世で幸福であり、あの世でも幸福な人もいます。

簡単《かんたん》に言うと、この四通りがありうるわけです。

このなかで、私がみなさんに勧《すす》めているのは、「この世でも幸福、あの世でも幸福」という、四通りのなかの最後のものです。結果的にいちばん良いと思うものを推奨《すいしょう》しています。

もちろん、これ以外の考え方もあります。この世に対して、まったく否《ひ》定的《ていてき》な見解《けんかい》をとるならば、「この世で、いかに悲惨《ひさん》な生き方をしても、あの世において幸福であれば、それでよい」という考え方もあると思います。

キリスト教徒には、この世では、悲惨なこと、悲しみの現実《げんじつ》とぶつかり合って生きながら、あの世での幸福を目指す人が、かなり多くいます。

そもそも、教え主《ぬし》であるイエス自身が、この世では悲劇《ひげき》の人であったと考えてよいと思います。教え主が悲劇の人であったがゆえに、あとに続いた人たちも、悲劇を通しながら、あの世での栄光、あの世での幸福を求める生き方をしました。

しかし、私は、そうした生き方がいちばん良いとは必ずしも思っていません。わずか数十年ではありますが、この地上生活のなかにも、私は一定の意味合いを認《みと》めています。

人間は、まったく無意味なことを繰《く》り返すだけではありません。

Epilogue エピローグ

「この世に生まれてくるには、生まれてくるだけの理由がある。この世の数十年の人生のなかにも、それなりの役割《やくわり》や目的がある。人間は、何かを学ぶために、この世に生まれてきて、そこで学んだものを持って、実在《じつざい》の世界、本来の世界に還る存在《そんざい》なのである」

これが根本的な考え方なのです。

したがって、私は、この世を完全に否定しているわけではありません。「修行場《しゅぎょうば》、教育の場、魂《たましい》を磨《みが》く場として、この世は非常《ひじょう》に大切な場である」ということを認めています。

「この世において、魂が数多くの糧《かて》を得て、喜びを感ずることは、非常に幸福な生き方である。そして、その生き方が、あの世での幸福にもつながる」と言っているのです。

みなさんは、数十年の人生というものを、長いように感じるでしょうが、日数に直してみると、平均《へいきん》して二万数千日です。十万日も二十万日も生きるように思うかもしれませんが、実は二万数千日にすぎないのです。

そして、砂時計《すなどけい》の砂のように、毎日毎日が一日ずつ落ちていき、二万日から三万日たったときに、みなさんは、この世を去ることになるわけです。短いといえば、非常に短い人生です。

この二万数千日の間に、この世において、どれだけのことを経験《けいけん》し、どれだけのことをつかみえるか。これが非常に大事です。その貴重《きちょう》な経験を得るために、人間は人生を送っているわけです。

そのために、この世に赤ん坊《ぼう》として生まれ、学校で学び、大人になると、職業《しょくぎょう》に就《つ》き、結婚《けっこん》をして家庭を営《いとな》みます。そして、病になったりしながら年をとっていき、やがて、この世を去っていくのです。

Epilogue エピローグ

わずか二万数千日――。この間を、どれだけ理想的なものにしていき、あの世に還ったときに、魂の向上になっているような生き方をするか。これが非常に大事なことなのです。

あとがき

初めて宗教世界に触《ふ》れるには、本書はまことに手頃な書物だと思います。

さまざまな霊的知識が網羅《もうら》されており、精神世界というワンダーランドに勇気をもって一歩を踏み出すには、最善のテキストの一つといえるでしょう。

ある意味で、本書に書かれていることが「二十一世紀の常識」となることを、心より希望しています。

二〇〇九年　九月

幸福《こうふく》の科学《かがく》グループ創始者兼総裁《そうししゃけんそうさい》　大川隆法《おおかわりゅうほう》

『霊的世界のほんとうの話。』出典一覧

Prologue　あの世を信じたほうが、幸福になれる……『「幸福になれない」症候群』第5章

Part 1　あの世を知れば、死は怖くない！

Chapter 1　人間は死んだ後、どうなるのか

1　死の瞬間、どういうことが起こるのですか？……『悟りに到る道』第1章
2　死後、肉体を離れると、どういう経験をしますか？……『神秘の法』第1章
3　霊になっても、おなかがすいたり、睡眠をとったりするのですか？……『復活の法』第4章
4　霊になっても年をとるのですか？……『永遠の生命の世界』第2章
5　自殺した人は、死後、どうなりますか？……『大悟の法』第2章
Mini Column 1　自殺者の死後……『他力信仰について考える』4節／※『伝道の心』3節

Chapter 2　天国・地獄のほんとうの姿を知ろう

1　あの世の世界は、どうなっているのですか？……『幸福の科学とは何か』第2章
2　霊界の「裏側の世界」とは何ですか？……※『「霊界散歩」講義』2節
3　地獄は、どんなところですか？……『幸福の科学とは何か』第2章
Mini Column 2　地獄に堕ちた人が天国に還るには？……※『幸福供養祭特別御講話』第1章
4　どんな人が地獄に堕ちるのですか？……※『幸福供養祭特別御講話』第2章

5 死後、天国に還るには、どうしたらよいですか？……『釈迦の本心』第5章
Column 霊的世界のふしぎ1 あの世や霊が見えない理由……『復活の法』第1章

Part 2 この世とあの世を知って幸福な人生を

Chapter 1 この世に、どうやって生まれてくるのか

1 生まれ変わりや過去世というものは、ほんとうにありますか？……『宗教選択の時代』第1章
2 人間が動物に生まれ変わることはありますか？……『釈迦の本心』第4章
3 「カルマ」（業）とは何ですか？……『宗教選択の時代』第4章

Chapter 2 運命は変えられるか

1 運命は決まっていて変えられないものですか？……『「幸福になれない」症候群』第5章
2 人の〝寿命〟は決まっているのですか？……『常勝思考』第二部
3 〝運命の赤い糸〟は、ほんとうにあるのですか？……『人生の発見』第2章

Chapter 3 一人ぼっちで生きているわけではない

1 守護霊とは何ですか？……『幸福への方法』第1章
2 守護霊がいるのに、なぜ私は不幸続きなのですか？……※『「無限の愛とは何か」講義』2節
3 守護霊の導きを得るには、どうすればよいのですか？……※『信仰論』第4章

Chapter 4 あなたも天使になれる!?

1 天使は、ほんとうにいるのですか? ……『永遠の法』第1章

Mini Column 3 天使の愛 ……『信仰のすすめ』第4章

2 地上に下りて活躍した天使（菩薩・如来）には、どういう人がいますか? ……『幸福の科学とは何か』第2章

3 私も天使になれるのですか? ……『ユートピア創造論』第2章

Column 霊的世界のふしぎ2 霊界のマザー・テレサとの会話 ……『繁栄の法』第2章

Part 3 霊的な悪影響は、こうして防ぐ

Chapter 1 あの世の諸霊が救われる、ほんとうの供養とは

1 自分が不幸続きなのは、先祖が迷っているせいですか? ……『悟りに到る道』第2章

2 正しい先祖供養とは、どのようなものですか? ……『永遠の生命の世界』第4章

3 死んだペットにも供養が必要ですか? ……二〇〇八年四月六日 信者との対話

Chapter 2 悪霊は、ほんとうにいるのか

1 悪霊とは何ですか? ……『不動心』第4章

2 悪魔とは何ですか? 悪霊とは違うのですか? ……※『現代のエクソシスト』2節

3 〝憑依〟とは何ですか? ……『幸福の科学とは何か』第5章

4 悪霊・悪魔に打ち勝つには、どうすればよいのですか? ……※『現代のエクソシスト』5節

Mini Column 4 悪魔祓いの秘法 …… ※『現代のエクソシスト』5節

Column 霊的世界のふしぎ3 すべての存在をつなぐ、心の奥のネットワーク …… 『大悟の法』第5章

Part 4 「仏」や「神」を正しく理解しよう

Chapter 1 仏や神の、大いなる愛を知ろう

1 神は、ほんとうにいるのですか？ その証拠はありますか？ …… 『新・心の探究』第1章

2 神がいるのなら、なぜ世の中に悪があるのですか？ …… 『限りなく優しくあれ』第4章

3 神がいるのなら、なぜ地獄を消してしまわないのですか？ …… 『人生の発見』第5章

Chapter 2 信仰は素晴らしい

1 一神教と多神教は、どちらが正しいのですか？ …… 『宗教選択の時代』第6章

2 エル・カンターレとは、どういう存在ですか？ …… ※『伝道論』第1章

3 正しい宗教に入信すると、何かメリットはありますか？ …… 『信仰のすすめ』第2章

4 信仰は、なぜ大切なのですか？ …… ※『君よ、涙の谷を渡れ。』第1章

Epilogue 人生わずか二万数千日 …… 『幸福への方法』第1章

※は、書店では取り扱っておりません。最寄りの精舎・支部・拠点までお問い合わせください。

霊的世界《れいてきせかい》のほんとうの話《はなし》。
──スピリチュアル幸福生活──

2009年 9 月27日　初版第 1 刷
2022年 1 月28日　第 7 刷
2023年 8 月 7 日　改版第 1 刷

著　者　大《おお》 川《かわ》 隆《りゅう》 法《ほう》

発行所　幸福の科学出版株式会社

〒107-0052 東京都港区赤坂 2 丁目 10 番 8 号
TEL(03)5573-7700
https://www.irhpress.co.jp/

印刷・製本　株式会社 堀内印刷所

落丁・乱丁本はおとりかえいたします

ISBN978-4-87688-377-6 C0014

大川隆法ベストセラーズ・霊的世界の真実

永遠の法

エル・カンターレの世界観

すべての人が死後に旅立つ、あの世の世界。天国と地獄をはじめ、その様子を明確に解き明かした、霊界ガイドブックの決定版。

2,200円

復活の法

未来を、この手に

死後の世界を豊富な具体例で明らかにし、天国に還るための生き方を説く。ガンや生活習慣病、ぼけを防ぐ、心と体の健康法も示される。

1,980円

永遠の生命の世界

人は死んだらどうなるか

死は、永遠の別れではない。死後の魂の行き先、脳死と臓器移植の問題、先祖供養のあり方など、あの世の世界の秘密が明かされた書。

1,650円

死んでから困らない生き方

スピリチュアル・ライフのすすめ

この世での生き方が、あの世での行き場所を決める──。霊的世界の真実を知って、天国に還る生き方を目指す、幸福生活のすすめ。

1,430円

※表示価格は税込10%です。

大川隆法ベストセラーズ・霊的世界の真実

心眼を開く

心清らかに、真実を見極める

心眼を開けば、世界は違って見える――。個人の心の修行から、政治・経済等の社会制度、「裏側」霊界の諸相まで、物事の真実を見極めるための指針を示す。

1,650 円

悟りを開く

過去・現在・未来を見通す力

自分自身は何者であり、どこから来て、どこへ往くのか――。霊的世界や魂の真実、悟りへの正しい修行法、霊能力の真相等、その真髄を明快に説き明かす。

1,650 円

「呪い返し」の戦い方

あなたの身を護る予防法と対処法

あなたの人生にも「呪い」は影響している――。リアルな実例を交えつつ、その発生原因から具体的な対策まで解き明かす。運勢を好転させる智慧がここに。

1,650 円

正しい供養　まちがった供養

愛するひとを天国に導く方法

「戒名」「自然葬」など、間違いの多い現代の先祖供養には要注意！　死後のさまざまな実例を紹介しつつ、故人も子孫も幸福になるための供養を解説。

1,650 円

幸福の科学出版

大川隆法ベストセラーズ・悪霊・悪魔を寄せつけないために

悪魔からの防衛術

「リアル・エクソシズム」入門

現代の「心理学」や「法律学」の奥にある、霊的な「正義」と「悪」の諸相が明らかに。“目に見えない脅威”から、あなたの人生を護る降魔入門。

1,760円

悪魔の嫌うこと

悪魔は現実に存在し、心の隙《すき》を狙ってくる！悪魔の嫌う３カ条、怨霊《おんりょう》の実態、悪魔の正体の見破り方など、悪魔から身を護るための「悟りの書」。

1,760円

真のエクソシスト

身体が重い、抑うつ、悪夢、金縛り、幻聴――。それは悪霊による「憑依《ひょうい》」かもしれない。フィクションを超えた最先端のエクソシスト論、ついに公開。

1,760円

エル・カンターレ 人生の疑問・悩みに答える 霊現象・霊障への対処法

シリーズ第6弾

悪夢、予知・占い、原因不明の不調・疲れなど、誰もが経験している「霊的現象」の真実を解明した26のQ&A。霊障問題に対処するための基本テキスト。

1,760円

※表示価格は税込10%です。

大川隆法ベストセラーズ・地球神エル・カンターレの真実

メシアの法

「愛」に始まり「愛」に終わる

「この世界の始まりから終わりまで、あなた方と共にいる存在、それがエル・カンターレ」──。現代のメシアが示す、本当の「善悪の価値観」と「真実の愛」。

2,200円

信仰の法

地球神エル・カンターレとは

さまざまな民族や宗教の違いを超えて、地球をひとつに──。文明の重大な岐路に立つ人類へ、「地球神」からのメッセージ。

2,200円

永遠の仏陀

不滅の光、いまここに

すべての者よ、無限の向上を目指せ──。大宇宙を創造した久遠の仏が、生きとし生けるものへ託した願いとは。

1,980円

大川隆法　東京ドーム講演集

エル・カンターレ「救世の獅子《しし》吼《く》」

全世界から5万人の聴衆が集った情熱の講演が、ここに甦る。過去に11回開催された東京ドーム講演を収録した、世界宗教・幸福の科学の記念碑的な一冊。

1,980円

幸福の科学出版

幸福の科学グループのご案内

宗教、教育、政治、出版などの活動を通じて、地球的ユートピアの実現を目指しています。

幸福の科学

一九八六年に立宗。信仰の対象は、地球系霊団の最高大霊、主エル・カンターレ。世界百六十九カ国以上の国々に信者を持ち、全人類救済という尊い使命のもと、信者は、「愛」と「悟り」と「ユートピア建設」の教えの実践、伝道に励んでいます。

（二〇二三年七月現在）

愛

幸福の科学の「愛」とは、与える愛です。これは、仏教の慈悲《じひ》や布施《ふせ》の精神と同じことです。信者は、仏法真理をお伝えすることを通して、多くの方に幸福な人生を送っていただくための活動に励んでいます。

悟り

「悟り」とは、自らが仏の子であることを知るということです。教学《きょうがく》や精神統一によって心を磨き、智慧《ちえ》を得て悩みを解決すると共に、天使・菩薩《ぼさつ》の境地を目指し、より多くの人を救える力を身につけていきます。

ユートピア建設

私たち人間は、地上に理想世界を建設するという尊い使命を持って生まれてきています。社会の悪を押しとどめ、善を推し進めるために、信者はさまざまな活動に積極的に参加しています。

海外支援・災害支援

幸福の科学のネットワークを駆使し、世界中で被災地復興や教育の支援をしています。

毎年２万人以上の方の自殺を減らすため、全国各地でキャンペーンを展開しています。

公式サイト **withyou-hs.net**

自殺防止相談窓口

受付時間　火～土:10～18時（祝日を含む）

TEL **03-5573-7707**　メール **withyou-hs@happy-science.org**

視覚障害や聴覚障害、肢体不自由の方々と点訳・音訳・要約筆記・字幕作成・手話通訳等の各種ボランティアが手を携えて、真理の学習や集い、ボランティア養成等、様々な活動を行っています。

公式サイト **helen-hs.net**

入会のご案内

幸福の科学では、大川隆法総裁が説く仏法真理《ぶっぽうしんり》をもとに、「どうすれば幸福になれるのか、また、他の人を幸福にできるのか」を学び、実践しています。

入会

仏法真理を学んでみたい方へ

大川隆法総裁の教えを信じ、学ぼうとする方なら、どなたでも入会できます。入会された方には、『入会版「正心法語《しょうしんほうご》」』が授与されます。

入会ご希望の方はネットからも入会申し込みができます。

happy-science.jp/joinus

三帰《さんき》誓願《せいがん》

信仰をさらに深めたい方へ

仏弟子としてさらに信仰を深めたい方は、仏《ぶっ》・法《ぽう》・僧《そう》の三宝《さんぼう》への帰依を誓う「三帰誓願式」を受けることができます。三帰誓願者には、『仏説・正心法語』『祈願文《きがんもん》①』『祈願文②』『エル・カンターレへの祈り』が授与されます。

幸福の科学 サービスセンター
TEL 03-5793-1727
（受付時間／火～金：10～20時　土・日祝：10～18時（月曜を除く））

幸福の科学 公式サイト
happy-science.jp

ハッピー・サイエンス・ユニバーシティ
Happy Science University

ハッピー・サイエンス・ユニバーシティとは

ハッピー・サイエンス・ユニバーシティ(HSU)は、
大川隆法総裁が設立された「日本発の本格私学」です。
建学の精神として「幸福の探究と新文明の創造」を掲げ、
チャレンジ精神にあふれ、新時代を切り拓く人材の輩出を目指します。

人間幸福学部　経営成功学部　未来産業学部

HSU長生キャンパス TEL **0475-32-7770**
〒299-4325　千葉県長生郡長生村一松丙 4427-1

未来創造学部

HSU未来創造・東京キャンパス
TEL **03-3699-7707**
〒136-0076　東京都江東区南砂2-6-5　公式サイト **happy-science.university**

学校法人 幸福の科学学園

学校法人 幸福の科学学園は、幸福の科学の教育理念のもとにつくられた教育機関です。人間にとって最も大切な宗教教育の導入を通じて精神性を高めながら、ユートピア建設に貢献する人材輩出を目指しています。

幸福の科学学園

中学校・高等学校（那須本校）
2010年4月開校・栃木県那須郡（男女共学・全寮制）
TEL **0287-75-7777** 公式サイト **happy-science.ac.jp**

関西中学校・高等学校（関西校）
2013年4月開校・滋賀県大津市（男女共学・寮及び通学）
TEL **077-573-7774** 公式サイト **kansai.happy-science.ac.jp**

仏法真理塾「サクセスNo.1」

全国に本校・拠点・支部校を展開する、幸福の科学による信仰教育の機関です。小学生・中学生・高校生を対象に、信仰教育・徳育にウエイトを置きつつ、将来、社会人として活躍するための学力養成にも力を注いでいます。

TEL 03-5750-0751（東京本校）

エンゼルプランV

東京本校を中心に、全国に支部教室を展開。信仰をもとに幼児の心を豊かに育む情操教育を行い、子どもの個性を伸ばして天使に育てます。

TEL 03-5750-0757（東京本校）

エンゼル精舎

乳幼児が対象の、託児型の宗教教育施設。エル・カンターレ信仰をもとに、「皆、光の子だと信じられる子」を育みます。
（※参拝施設ではありません）

不登校児支援スクール「ネバー・マインド」

TEL 03-5750-1741

心の面からのアプローチを重視して、不登校の子供たちを支援しています。

ユー・アー・エンゼル!（あなたは天使!）運動

障害児の不安や悩みに取り組み、ご両親を励まし、勇気づける、障害児支援のボランティア運動を展開しています。

一般社団法人 ユー・アー・エンゼル

TEL 03-6426-7797

NPO活動支援

学校からのいじめ追放を目指し、さまざまな社会提言をしています。また、各地でのシンポジウムや学校への啓発ポスター掲示等に取り組む一般財団法人「いじめから子供を守ろうネットワーク」を支援しています。

公式サイト mamoro.org ブログ blog.mamoro.org
相談窓口 TEL.03-5544-8989

百歳まで生きる会～いくつになっても生涯現役～

「百歳まで生きる会」は、生涯現役人生を掲げ、友達づくり、生きがいづくりを通じ、一人ひとりの幸福と、世界のユートピア化のために、全国各地で友達の輪を広げ、地域や社会に幸福を広げていく活動を続けているシニア層（55歳以上）の集まりです。

【サービスセンター】TEL 03-5793-1727

シニア・プラン21

「百歳まで生きる会」の研修部門として、心を見つめ、新しき人生の再出発、社会貢献を目指し、セミナー等を開催しています。

【サービスセンター】TEL 03-5793-1727

幸福実現党

内憂外患《ないゆうがいかん》の国難に立ち向かうべく、2009年5月に幸福実現党を立党しました。創立者である大川隆法党総裁の精神的指導のもと、宗教だけでは解決できない問題に取り組み、幸福を具体化するための力になっています。

幸福実現党 党員募集中

あなたも幸福を実現する政治に参画しませんか。

＊申込書は、下記、幸福実現党公式サイトでダウンロードできます。
住所：〒107-0052
東京都港区赤坂2-10-8 6階 幸福実現党本部

TEL 03-6441-0754　FAX 03-6441-0764
公式サイト hr-party.jp

HS政経塾

大川隆法総裁によって創設された、「未来の日本を背負う、政界・財界で活躍するエリート養成のための社会人教育機関」です。既成の学問を超えた仏法真理を学ぶ「人生の大学院」として、理想国家建設に貢献する人材を輩出するために、2010年に開塾しました。現在、多数の市議会議員が全国各地で活躍しています。

TEL 03-6277-6029
公式サイト hs-seikei.happy-science.jp

大川隆法　講演会のご案内

大川隆法総裁の講演会が全国各地で開催されています。講演のなかでは、毎回、「世界教師」としての立場から、幸福な人生を生きるための心の教えをはじめ、世界各地で起きている宗教対立、紛争、国際政治や経済といった時事問題に対する指針など、日本と世界がさらなる繁栄の未来を実現するための道筋が示されています。

022 年 7 月 7 日 さいたまスーパーアリーナ
い人生観の打破」

2019年7月5日 福岡国際センター
「人生に自信を持て」

2019年10月6日 ザ ウェスティン ハーバーキャッスル トロント(カナダ)
「The Reason We Are Here」

2011 年 3 月 6 日 カラチャクラ広場(インド)
「The Real Buddha and New Hope」

2019年3月3日 グランド ハイアット 台北(台湾)
「愛は憎しみを超えて」

講演会には、どなたでもご参加いただけます。
最新の講演会の開催情報はこちらへ。 ⟹

大川隆法総裁公式サイト
https://ryuho-okawa.org